国家社会科学基金重大项目（23VRC043）研究成果

北京外国语大学"双一流"建设标志性项目（BW202018）研究成果

"一带一路"国家文化教育大系　　　　　总主编　王定华

柬埔寨
文化教育研究

កម្ពុជា
របៀបធម៌ និងការអប់រំ

张兴国　魏丽珍　著

外语教学与研究出版社
FOREIGN LANGUAGE TEACHING AND RESEARCH PRESS
北京 BEIJING

图书在版编目 (CIP) 数据

柬埔寨文化教育研究 / 张兴国，魏丽珍著． —— 北京 ：外语教学与研究出版社，
2024．10． —— （"一带一路"国家文化教育大系 / 王定华总主编）． —— ISBN 978-7
-5213-5820-9

I. G533.5

中国国家版本馆 CIP 数据核字第 2024J8Z855 号

柬埔寨文化教育研究

JIANPUZHAI WENHUA JIAOYU YANJIU

出 版 人　王　芳
项目负责　巢小倩　姚希瑞
责任编辑　姚希瑞
责任校对　夏洁媛
封面设计　李　高　锋尚设计
版式设计　李　高
出版发行　外语教学与研究出版社
社　　址　北京市西三环北路 19 号（100089）
网　　址　https://www.fltrp.com
印　　刷　北京盛通印刷股份有限公司
开　　本　787×1092　1/16
印　　张　14.5　彩插 1 印张
字　　数　211 千字
版　　次　2024 年 10 月第 1 版
印　　次　2024 年 10 月第 1 次印刷
书　　号　ISBN 978-7-5213-5820-9
定　　价　150.00 元

如有图书采购需求，图书内容或印刷装订等问题，侵权、盗版书籍等线索，请拨打以下电话或关注官方服务号：
客服电话: 400 898 7008
官方服务号: 微信搜索并关注公众号"外研社官方服务号"
外研社购书网址: https://fltrp.tmall.com

物料号: 358200001

记载人类文明
沟通世界文化
www.fltrp.com

西哈努克港海滩

洞里萨湖

西哈努克市的酒店

柬埔寨街边一景

金边塔子山

柬埔寨王宫

柬埔寨王宫会客厅

独立纪念碑

金边中央市场内景

吴哥窟

吴哥浮雕

巴戎寺

柬埔寨传统食物

柬埔寨传统舞蹈

御耕节庆祝活动

一所全日制中小学校的操场

金边国际学校游泳馆

金边王家大学主楼

柬埔寨的中国文化活动

柬埔寨潮州会馆春节庆祝活动

出版说明

　　2013 年 9 月 7 日，国家主席习近平提出共建"丝绸之路经济带"重大倡议。2013 年 10 月 3 日，习近平主席提出共建"21 世纪海上丝绸之路"重大倡议。两者合称"一带一路"倡议。以 2013 年金秋为起点，"一带一路"倡议作为构建人类命运共同体的伟大设想，在开拓和平、繁荣、开放、绿色、创新、文明之路的非凡征程中，孕育生机和活力，汇聚信心和期待，在世界范围内广受欢迎和响应。

　　文化交流、文明互鉴是构建人类命运共同体的人文基础。文化发展，教育先行。作为"共和国外交官的摇篮"、文化教育的主动践行者、"一带一路"倡议的踊跃响应者和构建人类命运共同体的积极参与者，北京外国语大学在党委书记王定华教授的带领下，放眼世界，找准坐标，勇于担当，主动作为，深耕文化教育相关领域，研究、策划并组织编写了"一带一路"国家文化教育大系（以下简称大系）。国内相关高校和研究机构的众多专家学者献计献策，踊跃参加，形成了一个范围广泛、交流互动、共同进步的"一带一路"国家文化教育学术研究共同体。大系旨在填补国内相关研究领域的学术空白，实现"一带一路"国家教育研究全覆盖，为中国教育"走出去"和相关国家先进教育理念"请进来"提供科学理论和实践指导，具有重要的学术价值。同时，大系服务国家重大战略，通过分期分批出版，形成规模和品牌，助力教育强国建设，具有深远的意义。

　　作为国家社会科学基金重大项目"'一带一路'沿线国家文化教育发展状

况调查研究"、北京外国语大学"双一流"建设标志性项目"'一带一路'国家文化教育研究"的课题研究成果和北京外国语大学党委的"奋进之举",大系秉承学术性与可读性兼顾的原则,对"一带一路"国家文化教育理论与实践问题展开深入研究,从国情概览、文化传统、教育历史、学前教育、基础教育、高等教育、职业教育、成人教育、教师教育、教育政策、教育行政、教育交流等方面,全景擘画"一带一路"国家的教育风貌,帮助读者了解"一带一路"国家教育的历史与现状、经验与特点,为我国教育的发展和对外交流合作提供有益的借鉴、思考与启迪。

世界已进入新的动荡变革期,以"人类命运共同体"理念为价值导向,系统研究"一带一路"国家文化教育的历史、现状、经验、挑战等基本问题,深刻洞悉各共建国的教育政策、教育治理和教育发展前景,是扩大我国教育对外开放、提升我国教育国际影响力、响应和支持"一带一路"倡议的切实有力之举。在此,特别感谢大系总策划、总主编王定华教授,以及所有顾问、编委和作者的心血倾注、智慧贡献和努力付出。

外语教学与研究出版社对大系的编写和出版工作给予了高度重视。自2019年项目启动以来,外研社抽调精锐力量成立大系工作组,多次组织相关部门和人员召开选题论证会,商建编委会,召开全体作者大会,制订周密、科学的出版计划,以保证项目的顺利开展和图书的优质出版。目前,大系的出版工作已取得阶段性丰富成果,接下来将继续分期分批推出数量和规模可观的、具有相当科研价值和学术价值的系列专著。期望大系的编写和出版能为"一带一路"建设、中外教育交流及我国文化教育发展发挥基础性、服务性、广远性的作用。

外语教学与研究出版社
2024 年 9 月

总　序

王定华

改革开放以来，中国各项事业取得了巨大成就。中国经济和世界经济高度关联，中国一以贯之地坚持对外开放的基本国策，构建全方位开放新格局，深度融入世界经济体系。2013 年 9 月和 10 月，习近平主席在出访中亚和东南亚国家期间，先后提出共建"丝绸之路经济带"和"21 世纪海上丝绸之路"的重大倡议（以下简称"一带一路"倡议），得到国际社会的高度关注。其中，"丝绸之路经济带"东边牵着亚太经济圈，西边系着发达的欧洲经济圈，是世界上最长、最具发展潜力的经济大走廊；"21 世纪海上丝绸之路"串起连通东盟、南亚、西亚、北非、欧洲等各大经济板块的市场链，发展面向南海、太平洋和印度洋的战略合作经济带，以亚欧非经济贸易一体化为发展的长期目标。

一、精准把握"一带一路"倡议的时代意蕴

"经济带"概念是对地区经济合作模式的创新。其中经济走廊涵盖中蒙

俄经济走廊、新亚欧大陆桥、中国-中亚-西亚经济走廊、孟中印缅经济走廊、中国-中南半岛经济走廊等，以经济增长极辐射周边，超越了传统发展经济学理论。"丝绸之路经济带"概念不同于历史上所出现的各类"经济区"与"经济联盟"，同后两者相比，经济带具有灵活性高、适用性广以及可操作性强的特点，各国都是平等的参与者，本着自愿参与、协同推进的原则，发扬古丝绸之路兼容并包的精神。

"一带一路"倡议是我国在新时代推进全方位对外开放的重要举措，为当今世界提供了一个充满东方智慧、实现共同发展的中国方案，也是对历史文化传统的高度尊重，凝聚了世界各国利益的最大公约数。丝绸之路是起始于古代中国，连接亚洲、非洲和欧洲的古代陆上商业贸易路线，最初的作用是运输古代中国出产的丝绸、瓷器等商品，后来成为东方与西方之间在经济、政治、文化等方面进行交流的主要通道。1877 年，德国地质、地理学家李希霍芬（F. P. W. Richthofen）在其著作《中国》一书中，把公元前 114 年至公元 127 年，中国与中亚、中国与印度间以丝绸贸易为媒介的这条西域交通道路命名为"丝绸之路"，这一名词很快为学术界和大众所接受，并正式运用。其后，德国历史学家赫尔曼（A. Herrmann）在 20 世纪初出版的《中国与叙利亚之间的古代丝绸之路》一书中，根据新发现的文物考古资料，进一步把丝绸之路延伸到地中海西岸和小亚细亚，并确定了丝绸之路的基本内涵，即它是中国古代与中亚、南亚、西亚以及欧洲、北非的陆上贸易交往通道。进入 21 世纪，海上丝绸之路也被纳入丝绸之路的涵盖范围，即从中国沿海港口过南海到印度洋并延伸至欧洲，从中国沿海港口过南海到南太平洋。随着时代的发展，"丝绸之路"成为古代中国与西方所有政治经济文化往来通道的统称。

推进"一带一路"建设既是中国扩大和深化对外开放的需要，也是加强和世界各国互利合作的需要，中国愿意承担更多责任和义务，为人类和平发展做出更大的贡献。文明交流互鉴是构建人类命运共同体的重要途径，是推动人类文明共同进步、实现世界和平发展的重要动力。共建"一带一路"要顺应世界多极化、经济全球化、文化多样化、社会信息化的潮流，秉持开放的区域合作精神，致力于推动"一带一路"各国实现经济政策协调，开展更大范围、更高水平、更深层次的区域合作，共同打造开放、包容、均衡、普惠的区域经济合作架构，维护全球自由贸易体系和开放型世界经济格局。

"一带一路"贯穿亚欧非大陆，一头是活跃的东亚经济圈，一头是发达的欧洲经济圈，中间广大腹地国家经济发展潜力巨大。根据"一带一路"走向，陆上依托国际大通道，以中心城市为支撑，以重点经贸产业园区为合作平台，共同打造新亚欧大陆桥以及中蒙俄、中国-中亚-西亚、中国-中南半岛等国际经济合作走廊；海上以重点港口为基点，共同建设通畅安全高效的运输大通道。

"一带一路"建设是有关国家开放合作的宏大经济愿景，需要各国携手努力，朝着互利互惠、共同安全的目标相向而行：努力实现区域基础设施更加完善，安全高效的陆海空通道网络基本形成，互联互通达到新水平；投资贸易便利化水平进一步提升，高标准自由贸易区网络基本形成，经济联系更加紧密，政治互信更加深入；人文交流更加广泛深入，不同文明互鉴共荣，各国人民相知相交、和平友好。

"一带一路"倡议是具有开放性和包容性的友好建议。当今世界是一个开放的世界，开放带来进步，封闭导致落后。中国认为，只有开放才能发现机遇、抓住并用好机遇、主动创造机遇，才能实现国家的奋斗目标。"一带一路"倡议就是要把世界的机遇转变为中国的机遇，把中国的机遇转变为世界的机遇。正是基于这种认知与愿景，"一带一路"倡议以开放为导向，冀望通过加强交通、能源和网络等基础设施的互联互通建设，促进经济要素有序自由流动、资源高效配置和市场深度融合，开展更大范围、更高水平、更深层次的区域合作，打造开放、包容、均衡、普惠的区域经济合作架构，以此来解决经济增长和平衡问题。"一带一路"倡议的开放包容性是区别于其他区域性经济倡议的一个突出特点。

"一带一路"倡议是超越地缘政治的务实合作的广阔平台。"和平合作、开放包容、互学互鉴、互利共赢"的丝路精神是人类共有的历史财富，"一带一路"倡议就是秉承这一精神与原则提出的新时代重要倡议，通过加强相关国家间的全方位多层面交流合作，充分发掘与发挥各国的发展潜力与比较优势，形成互利共赢的区域利益共同体、命运共同体和责任共同体。在这一机制中，各国是平等的参与者、贡献者、受益者。因此，"一带一路"倡议从一开始就具有平等性、和平性特征。平等是中国坚持的重要国际准则，也是"一带一路"建设的关键基础。只有建立在平等基础上的合作才能是持久的合作，也才会是互利的合作。"一带一路"倡议平等包容的合作特征为其推进减轻了阻力，提升了共建效率，有助于国际合作真正"落地生根"。同时，"一带一路"建设离不开和平安宁的国际环境和地区环境，和平是"一带一路"建设的本质属性，也是保障其顺利推进所不可或缺的重要因素。这些就决定了"一带一路"倡议不应该也不可能沦为大国政治较量的工具，更不会重复地缘博弈的老路。

"一带一路"倡议是政府、企业、团体共同发力的项目载体。"一带一路"建设是在双边或多边联动基础上通过具体项目加以推进的，是在进行充分政策沟通、战略对接以及市场运作后形成的发展倡议与规划。2017年5月发布的《"一带一路"国际合作高峰论坛圆桌峰会联合公报》强调了建设"一带一路"的合作原则，其中就包括市场运作原则，即充分认识市场作用和企业主体地位，确保政府发挥适当作用，政府采购程序应开放、透明、非歧视。可见，"一带一路"建设的核心主体与支撑力量并不是政府，而是企业，根本方法是遵循市场规律，并通过市场化运作模式来实现参与各方的利益诉求，政府在其中发挥构建平台、创立机制、政策引导等指向性、服务性功能。

"一带一路"倡议是与现有相关机制对接互补的有益渠道。参与"一带一路"建设的国家要素禀赋各异,比较优势差异明显,互补性很强。有的国家能源资源富集但开发力度不够,有的国家劳动力充裕但就业岗位不足,有的国家市场空间广阔但产业基础薄弱,有的国家基础设施建设需求旺盛但资金紧缺。我国目前经济总量居全球第二,外汇储备居全球第一,优势产业越来越多,基础设施建设经验丰富,装备制造能力强、质量好、性价比高,具备资金、技术、人才、管理等综合优势。这就为我国与其他"一带一路"建设参与方实现产业对接与优势互补提供了现实可能与重大机遇。因而,"一带一路"倡议的核心内容就是要加强基础设施建设和促进互联互通,对接各国政策和发展战略,以便深化务实合作,促进协调联动发展,实现共同繁荣。由此可见,"一带一路"倡议不是对现有地区合作机制的替代,而是与现有机制互为助力、相互补充。实际上,"一带一路"建设已经与俄罗斯主导的欧亚经济联盟、印尼全球海洋支点发展规划、哈萨克斯坦光明之路经济发展战略、蒙古国草原之路倡议、欧盟欧洲投资计划、埃及苏伊士运河走廊开发计划等实现了对接与合作,并形成了一批标志性项目,如中哈(连云港)物流合作基地。作为新亚欧大陆桥经济走廊建设成果之一,中哈(连云港)物流合作基地初步实现了深水大港、远洋干线、中欧班列、物流场站的无缝对接。该项目与哈萨克斯坦光明之路经济发展战略高度契合。

"一带一路"倡议是促进人文交流的沟通桥梁。"一带·路"倡议跨越不同区域、不同文化、不同宗教信仰,但它带来的不是文明冲突,而是各文明间的交流互鉴。"一带一路"倡议在推进基础设施建设、加强产能合作与发展战略对接的同时,也将"民心相通"作为工作重心之一。民心相通是"一带一路"建设的社会根基。民心相通就是要传承和弘扬丝绸之路友好合作精神,广泛进行文化交流、学术交流、人才交流往来、媒体合作、青年和妇女交往、志愿者服务等,为深化双边和多边合作奠定坚实的民意基础。一是扩大相互间留学生规模,开展合作办学;国家间互办文化年、艺术节、电影节、电视周和图书展等活动，深化国家间人才交流合作。二是加强旅游合作，扩大旅游规模，联合打造具有丝绸之路特色的国际精品旅游线路和旅游产品。三是强化与周边国家在传染病疫情信息沟通、防治技术交流、专业人才培养等方面的合作，提高合作处理突发公共卫生事件的能力。四是加强科技合作，共建联合实验室（研究中心）、国际技术转移中心、海上合作中心，促进科技人员交流，合作开展重大科技攻关，共同提升科技创新能力。五是整合现有资源，开拓和推进参与国家在青年就业、创业培训、职业技能开发、社会保障管理服务、公共行政管理等共同关心领域的务实合作。六是充分发挥政党、议会交往的桥梁作用，加强国家之间立法机构、主要党派和政治组织的友好往来，互结友好城市。七是加强各国民间组织的交流合作，重点面向基层民众，广泛开展教育、医疗、减贫开发、生物多样性和生态环保等主题的各类公益慈善活动，改善贫困地区生产生活条件；加强文化传媒领域的国际交流合作，积极利用网络平台，运用新媒体工具，塑造和谐友好的文化生态和舆论环境；通过强化民心相通，弘扬丝绸之路精神，开展智力丝绸之路、健康丝绸之路等建设，在科学、教育、文化、卫生、民间交往等领域广泛合作，使"一带一路"建设的民意基础更为坚实，社会根基更加牢固。"一带一路"建设就是要以文明交流超越文明隔阂，以文明互鉴超越文明冲突，以文明共存超越文明优越，为相关国家人民加强交流、增进理解搭起新的桥梁，为不同文化和文明加强对话、交流互鉴织就新的纽带，推动各国相互理解、相互尊重、相互信任。

"一带一路"是促进共同发展、实现共同繁荣的友谊之路。共建"一带一路"旨在促进各国发展战略的对接和耦合，有利于发掘区域市场的潜力，推动经济要素有序自由流动、资源高效配置和市场深度融合，促进投资和消费，创造需求和就业，增进各国人民的人文交流与文明互鉴，从而让各国人民相逢相知、互信互敬，共享和谐、安宁、富裕的生活。共建"一带一路"符合国际社会的根本利益，彰显了人类社会的共同理想和美好追求，是国际合作及全球治理新模式的积极探索，将为世界和平发展增添新的正能量。中国政府倡议秉持和平合作、开放包容、互学互鉴、互利共赢的理念，全方位推进务实合作，打造政治互信、经济融合、文化包容的利益共同体、命运共同体和责任共同体。

"一带一路"倡议已经得到世界上众多国家和地区的积极响应，成为维护全球自由贸易体系和开放型世界经济的重要支撑。截至 2021 年 1 月 30 日，中国已经同 171 个国家和国际组织签署 205 份共建"一带一路"合作文件。[1] 特别是 2017 年 5 月第一届"一带一路"国际合作高峰论坛、2019 年 4 月第二届"一带一路"国际合作高峰论坛和 2019 年 5 月亚洲文明对话大会的成功举办，充分彰显了我国开放、包容的大国外交风范。在此背景下，我们一方面应致力于向世界介绍中国，推动中国文化"走出去"，讲好中国故事；另一方面也应加强对"一带一路"国家的历史、文化、语言、教育、艺术等方面的介绍和研究，让中国人民更多地了解"一带一路"国家的具体国情，特别是文化传统和教育体系。

"一带一路"倡议合作范围不断扩大，合作领域愈加广阔。它不仅给参与各方带来了实实在在的合作红利，也为世界贡献了应对挑战、创造机遇、强化信心的智慧与力量。

当今世界，新冠肺炎疫情带来诸多挑战，局部战争风险依然存在，经济增长动能不足，"逆全球化"思潮涌动，地区动荡持续，恐怖主义蔓延。和平赤字、发展赤字、治理赤字带来的严峻问题，已摆在全人类面前。这充分说明现有的全球治理体系面临结构性问题，亟须找到新的破解之策与应对方略。作为一个新兴大国，中国有能力、有意愿同时也有责任为完善全球治理体系贡献智慧与力量。面对新挑战、新问题、新情况，中国给出

---

[1] 中国一带一路网. 我国已签署共建"一带一路"合作文件 205 份 [EB/OL].（2021-01-30）[2021-02-23]. https://www.yidaiyilu.gov.cn/xwzx/gnxw/163241.htm.

的全球治理方案是：构建人类命运共同体，实现共赢共享。"一带一路"倡议正是朝着这个目标努力的具体实践。"一带一路"倡议强调各国的平等参与、包容普惠，主张携手应对世界经济面临的挑战，开创发展新机遇，谋求发展新动力，拓展发展新空间，共同朝着人类命运共同体方向迈进。正是本着这样的原则与理念，"一带一路"倡议针对各国发展的现实问题和治理体系的短板，创立了亚洲基础设施投资银行、丝路基金等新型国际机制，构建了多形式、多渠道的交流合作平台。这既能缓解当今全球治理机制代表性、有效性、及时性难以适应现实需求的困境，在一定程度上扭转公共产品供应不足的局面，提振国际社会参与全球治理的士气与信心，又能满足发展中国家尤其是新兴市场国家变革全球治理机制的现实要求，大大增强了新兴国家和发展中国家的话语权，是推进全球治理体系朝着更加公正合理方向发展的重大突破。

"一带一路"倡议涵盖了发展中国家与发达国家，实现了"南南合作"与"南北合作"的统一，有助于推动全球均衡可持续发展。"一带一路"建设以基础设施建设为着眼点，促进经济要素有序自由流动，推动中国与相关国家的宏观政策的对接与协调。对于参与"一带一路"建设的发展中国家来说，这是一次搭中国经济发展"快车""便车"，实现自身工业化、现代化的历史性机遇，有利于推动"南南合作"的广泛展开，同时也有助于增进"南北对话"，促进"南北合作"的深度发展。不仅如此，"一带一路"倡议的理念和方向同联合国《2030年可持续发展议程》也高度契合，完全能够加强对接，实现相互促进。联合国秘书长古特雷斯表示，"一带一路"倡议与《2030年可持续发展议程》都以可持续发展为目标，都试图提供机会、全球公共产品和双赢合作，都致力于深化国家和区域间的联系。

二、深入推动"一带一路"国家的教育交流

2020 年 6 月印发的《教育部等八部门关于加快和扩大新时代教育对外开放的意见》指出，教育对外开放是教育现代化的鲜明特征和重要推动力，要以习近平新时代中国特色社会主义思想为指导，坚持教育对外开放不动摇，主动加强同世界各国的互鉴、互容、互通，形成更全方位、更宽领域、更多层次、更加主动的教育对外开放局面。

教育为国家富强、民族繁荣、人民幸福之本，在共建"一带一路"中具有基础性和先导性作用。教育交流为各国民心相通架设桥梁，人才培养为各国政策沟通、设施联通、贸易畅通、资金融通提供支撑。各国间教育交流源远流长，教育合作前景广阔，大家携手发展教育，合力共建"一带一路"，是造福各国人民的伟大事业。推进"一带一路"国家教育共同繁荣，既是加强与各国教育互利合作的需要，也是推进中国教育改革发展的需要，中国愿意在力所能及的范围内承担更多责任和义务，为区域教育大发展做出更大的贡献。

（一）教育合作的原则

"一带一路"国家教育合作应遵循四个重要原则。

一是育人为本，人文先行。加强合作育人，提高区域人口素质，为共建"一带一路"提供人才支撑。坚持人文交流先行，建立区域人文交流机制，搭建民心相通桥梁。

二是政府引导，民间主体。政府加强沟通协调，整合多种资源，引导教育融合发展。发挥学校、企业及其他社会力量的主体作用，活跃教育合作局面，丰富教育交流内涵。

三是共商共建，开放合作。坚持共商、共建、共享，推进各国教育发

展规划相互衔接，实现各国教育融通发展、互动发展。

四是和谐包容，互利共赢。加强不同文明之间的对话，寻求教育发展最佳契合点和教育合作最大公约数，促进各国在教育领域互利互惠。

（二）教育合作的重点

"一带一路"各国教育特色鲜明、资源丰富、互补性强、合作空间巨大。中国将以基础性、支撑性、引领性三方面举措为建议框架，开展三方面重点合作，对接各国意愿，互鉴先进教育经验，共享优质教育资源，全面推动各国教育提速发展。

1. 开展教育互联互通合作

一是加强教育政策沟通。开展"一带一路"国家教育法律、政策协同研究，构建各国教育政策信息交流通报机制，为各国政府推进教育政策互通提供决策建议，为各国学校和社会力量开展教育合作交流提供政策咨询。积极签署双边、多边和次区域教育合作框架协议，制定各国教育合作交流国际公约，逐步疏通教育合作交流政策性瓶颈，实现学分互认、学位互授联授，协力推进教育共同体建设。

二是助力教育合作渠道畅通。推进"一带一路"国家间签证便利化，扩大教育领域合作交流，形成往来频繁、合作众多、交流活跃、关系密切的携手发展局面。鼓励有合作基础、相同研究课题和发展目标的学校缔结姊妹关系，逐步深化和拓展教育合作交流。举办校长论坛，推进学校间开展多层次、多领域的务实合作。支持高等学校依托优势学科和专业，建立"产学研用"相结合的国际合作联合实验室（研究中心）、国际技术转移中心，共同应对各国在经济发展、资源利用、生态保护等方面面临的重大挑战与机遇。打造"一带一路"国家学术交流平台，吸引各国专家学者、青年学生开展研究和学术交流。推进"一带一路"国家优质教育资源共享。

三是促进语言互通。研究构建语言互通协调机制，共同开发语言互通开放课程，逐步将国家语言课程纳入各国的学校教育课程体系。拓展政府间语言学习交换项目，联合培养、相互培养高层次语言人才。发挥外国语院校人才培养优势，推进基础教育多语种师资队伍建设和外语教育教学工作。扩大语言学习国家公派留学人员规模，倡导各国与中国院校合作在华开办本国语言专业。支持更多社会力量助力孔子学院和孔子课堂建设，加强汉语教师和汉语教学志愿者队伍建设，全力满足不同国家的汉语学习需求。

四是推进民心相通。鼓励学者开展或合作开展中国课题研究，增进各国对中国发展模式、国家政策、教育文化等各方面的理解。建设国别和区域研究基地，与对象国合作开展经济、政治、教育、文化等领域研究。逐步将理解教育课程、丝路文化遗产保护纳入各国中小学教育课程体系，加强青少年对不同国家文化的理解。加强"丝绸之路"青少年交流，注重通过志愿服务、文化体验、体育竞赛、创新创业活动和新媒体社交等途径，增进不同国家青少年对其他国家文化的理解。

五是推动学历学位认证标准联通。推动落实联合国教科文组织《亚太地区承认高等教育资历公约》，支持联合国教科文组织建立世界范围学历互认机制，实现区域内双边、多边学历学位关联互认。呼吁各国完善教育质量保障体系和认证机制，加快推进本国教育资历框架开发，助力各国学习者在不同种类和不同阶段教育之间进行转换，促进终身学习社会的建设。共商、共建区域性职业教育资历框架，逐步实现就业市场的从业标准一体化。探索建立各国教师专业发展标准，促进教师流动。

2．开展人才培养培训合作

一是实施"丝绸之路"留学推进计划。设立"丝绸之路"中国政府奖学金，为各国专项培养行业领军人才和优秀技能人才。全面提升来华留学人才培养质量，把中国打造成为深受各国学子欢迎的留学目的地。以国家公派留学为引领，推动更多中国学生到"一带一路"其他国家留学。坚持"出国留学和来华留学并重、公费留学和自费留学并重、扩大规模和提高质量并重、依法管理和完善服务并重、人才培养和发挥作用并重"，完善全链条的留学人员管理服务体系，保障平安留学、健康留学、成功留学。

二是实施"丝绸之路"合作办学推进计划。有条件的中国高等学校开展境外办学要集中优势学科，选好合作契合点，做好前期论证工作，构建科学的人才培养模式、运行管理模式、服务当地模式、公共关系模式，使学校顺利落地生根、开花结果。发挥政府引领、行业主导作用，促进高等学校、职业院校与行业企业深度产教融合。鼓励中国优质职业教育配合高铁、电信运营等行业企业"走出去"，探索开展多种形式的境外合作办学，合作设立职业院校、培训中心，合作开发教学资源和项目，开展多层次职业教育和培训，培养当地急需的各类"一带一路"建设者。整合资源，积极推进与各国在青年就业培训等共同关心领域的务实合作。倡议国家之间开展高水平合作办学。

三是实施"丝绸之路"师资培训推进计划。开展"丝绸之路"教师培训，加强先进教育经验交流，提升区域教育质量。加强"丝绸之路"教师交流，推动各国校长交流访问、教师及管理人员交流研修，推进优质教育模式在各国的互学互鉴。大力推进各国优质教学仪器设备、教材课件和整体教学解决方案的输出，跟进教师培训工作，促进各国教育资源和教学水平均衡发展。

四是实施"丝绸之路"人才联合培养推进计划。推进国家间的研修访学活动。鼓励各国高等院校在语言、交通运输、建筑、医学、能源、环境工程、水利工程、生物科学、海洋科学、生态保护、文化遗产保护等国家发展急需的专业领域联合培养学生，推动联盟内或校际教育资源共享。

3．共建丝路合作机制

一是加强"丝绸之路"人文交流高层磋商。开展国家间的双边、多边人文交流高层磋商，商定"一带一路"教育合作交流总体布局，协调推动各国建立教育双边和多边合作机制、教育质量保障协作机制和跨境教育市场监管协作机制，统筹推进"一带一路"教育共同行动。

二是充分发挥国际合作平台作用。发挥上海合作组织、东亚峰会、亚太经合组织、亚欧会议、亚洲相互协作与信任措施会议、中阿合作论坛、东南亚教育部长组织、中非合作论坛、中巴经济走廊、孟中印缅经济走廊、中蒙俄经济走廊等现有双边、多边合作机制的作用，增加教育合作的新内涵。借助联合国教科文组织等国际组织力量，推动各国围绕实现世界教育发展目标形成协作机制。充分利用中国–东盟教育交流周、中日韩大学交流合作促进委员会、中阿大学校长论坛、中非高校20+20合作计划、中日大学校长论坛、中韩大学校长论坛、中俄综合性大学联盟等已有平台，开展务实的教育合作交流。支持在共同区域、有合作基础、具备相同专业背景的学校组建联盟，不断延展教育务实合作平台。

三是实施"丝绸之路"教育援助计划。发挥教育援助在"一带一路"教育共同行动中的重要作用，逐步加大教育援助力度，重点投资于人、援助于人、惠及于人。发挥教育援助在"南南合作"中的重要作用，加大对相关国家尤其是最不发达国家的支持力度。统筹利用国家、教育系统和民间资源，为相关国家培养培训教师、学者和各类技能人才。积极开展优质教学仪器设备、整体教学方案、配套师资培训一体化援助。加强中国教育培训中心和教育援外基地建设。倡议各国建立政府引导、社会参与的多元化经费筹措机制，通过国家资助、社会融资、民间捐赠等渠道，拓宽教育经费来源，做大教育援助格局，实现教育共同发展。

三、精心组织"一带一路"国家文化教育大系的编著出版

在编写"一带一路"国家文化教育大系过程中，应当全面了解国内外对"一带一路"倡议的响应情况，关注进展，总结做法；应当在新冠肺炎疫情得到控制后到对象国去走一走，看一看，实地感受其教育情况和发展变化；应当广泛收集对象国一手资料，认真阅读，消化分析，吐故纳新；应当多方检索专家学者已经开展的相关研究，虚心参阅已有的研究成果。肆虐全球的新冠肺炎疫情，给人类身体健康和生命安全带来了巨大威胁，对世界格局和世界治理体系产生了重大影响，给全球各行各业带来了巨大挑战。教育置身其间，影响十分明显。因而，对"一带一路"国家文化教育进行研究时，必须观察分析疫情对相关国家文化教育和全球教育治理的深刻影响。

"一带一路"倡议提出后，中外已形成多个"一带一路"多边大学联盟。2015 年 5 月 22 日，由西安交通大学发起的新丝绸之路大学联盟成立，迄今已吸引 38 个国家和地区的 150 余所大学加盟。该联盟是海内外大学结成的非政府、非营利性的开放性、国际化高等教育合作平台，以"共建教育合作平台，推进区域开放发展"为主题，推动"新丝绸之路经济带"国家和地区大学之间在校际交流、人才培养、科研合作、文化沟通、政策研究、医疗服务等方面的交流与合作，增进青少年之间的了解和友谊，培养具有国际视野的高素质、复合型人才，服务"新丝绸之路经济带"及欧亚地区的发展建设。

2015 年 10 月 17 日，丝绸之路（敦煌）国际文化博览会筹委会文化传承创新高端学术研讨会在敦煌举行。中国的复旦大学、北京师范大学、兰州大

学和俄罗斯乌拉尔国立经济大学、韩国釜庆大学等 46 所中外高校在甘肃敦煌成立了"一带一路"高校战略联盟，以探索跨国培养与跨境流动的人才培养新机制，培养具有国际视野的高素质人才。46 所高校当日达成《敦煌共识》，联合建设"一带一路"高校国际联盟智库。联盟将共同打造"一带一路"高等教育共同体，推动"一带一路"国家和地区大学之间在教育、科技、文化等领域的全面交流与合作，服务"一带一路"国家和地区的经济社会发展。

2016 年 9 月，中国、中亚及丝绸之路经济带沿线 7 个国家的 51 所高校共同发起成立了中国-中亚国家大学联盟，旨在打造开放性、国际化互动平台，深化"一带一路"科教合作。

此外，高等教育合作研讨会也日渐增多，既有官方推动形成的研讨会，也有民间自发举办的研讨会。比如，中外大学校长论坛、新加坡-中国-印度高等教育论坛、"一带一路"教育对话论坛，以及北京师范大学举办的"一带一路"国家教育交流与合作高端研讨会，北京外国语大学举办的"一带一路"与行业国际化人才培养高峰论坛，北京理工大学主办的"一带一路"高等教育研究国际会议，浙江大学举办的"一带一路"背景下的工程科技人才培养国际研讨会等。这些多边研讨会的召开，不仅吸引了大量"一带一路"共建国家的教育研究者与实践者参会，推动了研究与实践合作，而且创新了教育合作模式，促进了国际化高端人才培养，为"一带一路"建设奠定了民意基础。

"一带一路"倡议提出之后，中国学术界迅速开展了关于"一带一路"的研究活动，有关"一带一路"主题的图书主要有以下五类。第一类是倡议解读类图书，一般是梳理"一带一路"倡议的提出、发展及其理论内涵与外延。第二类是经济贸易类图书，专业性较强，主要为理论研究型图书。第三类是国情文史类图书，多为介绍"一带一路"国家国情概览、历史情况、发展概况的工具书，语言平实，部分图书学术性较强。第四类是丝路历史类图书，一般回顾古代丝绸之路的形成与发展、丝绸之路上的人物和大事记等，追古溯源，以便更好地开启"一带一路"新篇章。第五类是法律税收类图书，多为法律指引、税务规范手册等。

可以看出，国内对"一带一路"国家的研究已有一定基础，但是囿于语言翻译的障碍，已经出版的"一带一路"图书，大多是政策解读、数据报告、概况介绍等，对对象国的研究广度和深度还很不够，尤其是针对"一带一路"国家文化教育的系统研究还比较少。

在"一带一路"国家中，遴选具有代表性的对象，对其文化、教育进行系统性的研究，并在此基础上编写"一带一路"国家文化教育大系，分期分批出版，对于帮助中国普通读者和研究人员了解"一带一路"国家的文化教育情况，以及对于拓展我国比较教育研究领域、丰富比较教育研究文献，乃至对于促进中外文明互通、更好地参与推进"一带一路"建设，都具有重要意义。基于对选题背景与意义、相关出版产品调研和北京外国语大学比较优势的分析，"一带一路"国家文化教育大系坚持学术性、可读性兼顾原则，分批次推出，不断积累，以形成规模和品牌。

大系在内容上，一方面呈现"一带一路"国家的文化概貌，展示"一带一路"国家教育发展的文化背景和社会依托。大系采用专题形式，力求用简洁平实的语言生动活泼地介绍"一带一路"国家的自然地理、人文景观、历史发展、风土人情、文化遗产等内容，重点呈现对象国独有的文化现象和独特风貌，集中揭示其民族文化内涵、民族精神、人文意蕴。另一方面，大系重点研究、评价、介绍"一带一路"国家教育的基本情况、发展历史、发展战略、政策法规、现存体系、治理模式与师资队伍等，这方面内容占较大篇幅，是全书的重点和主要内容。

"一带一路"倡议正在成为我国参与全球开放合作、改善全球治理体系、促进全球共同发展繁荣、推动构建人类命运共同体的中国方案。作为国家社会科学基金重大项目"'一带一路'沿线国家文化教育发展状况调查研究"的部分研究成果和北京外国语大学"双一流"建设重大标志性成果，

"一带一路"国家文化教育大系已在 2021 年中国共产党建党 100 周年和北京外国语大学建校 80 周年之际推出首批图书，在 2023 年"一带一路"倡议提出 10 周年时推出该项目二期成果。同时积极参与党和国家相关主题纪念活动，以及国家重大图书项目的申报评选工作。

北京外国语大学以外语见长，国际交往活跃，被誉为"共和国外交官的摇篮"，先后培养了 400 多位大使、2 000 多位参赞，以及更多的外交外事外贸工作者。凡是有五星红旗飘扬的地方，都能看到北外人的身影。北外不仅承担着培养各类国际化人才的任务，更担负着向中国介绍世界、向世界介绍中国的历史使命。迄今为止，北外已获批开设 101 种外国语言，成立了 37 个区域与国别研究中心，丰富的涉外资源正在助力"一带一路"国家的研究。

大系由外研社具体组织实施。外研社隶属北外，多年来致力于"一带一路"国家的合作交流，服务讲好"中国故事"，在中华思想文化传播、打造中外出版联盟、推动中外学术互译等方面积累了丰富经验，对于协助研究、编著、出版"一带一路"国家文化教育大系具有良好的工作基础。这也是北外及外研社的使命和担当之所在。

大系编著者以北外教师为主。服务国家重大战略，北外人责无旁贷。同时，国内有研究专长和研究意愿的专家学者也踊跃参与，他们或独自撰著一书，或与北外同仁合作。大系还邀请了驻外使领馆的同志和对象国的学者参加撰写或审稿，他们运用一手资料，开展实地调研，力图提升大系的准确性。

四、结语

"一带一路"倡议植根历史，更面向未来；源于中国，更属于世界。"一带一路"作为文明互鉴的桥梁，从亚欧大陆延伸到非洲、美洲、大洋洲，与世界各国发展战略及众多国际和地区组织的发展实现对接联通，在通路、通航的基础上更好地通商，进而开展文化教育交流与沟通，加强商品、资金、技术、文化、教育流通，达成互学互鉴的文明愿景。"一带一路"倡议的目标是中国与"一带一路"国家在互联互通基础上分享优质产能，共商项目投资，共建基础设施，共享合作成果，内容包括政策沟通、设施联通、贸易畅通、资金融通、民心相通"五通"。"一带一路"倡议肩负重大使命，它要探寻经济增长之道，将中国自身的产能优势、技术与资金优势、经验与模式优势转化为市场与合作优势，实行全方位开放，共享中国改革发展红利；它要实现全球化再平衡，鼓励向西开放，带动西部开发以及中亚、蒙古等内陆国家和地区的开发，在国际社会推行全球化的包容性发展理念，主动向西推广中国优质产能和比较优势产业，惠及沿途、沿岸国家，避免西方国家所开创的全球化造成的贫富差距和地区发展不平衡情况，推动建立持久和平、普遍安全、共同繁荣的和谐世界；它要开创地区新型合作，强调共商、共建、共享原则，超越了马歇尔计划和传统的对外援助活动，给21世纪的国际合作带来了新的理念。所以，新时代中国的教育学者应当将"一带一路"国家文化教育研究作为比较教育新的增长点，全面深入开展研究，以自己的聪明才智丰富学术，为国出力，服务国家重大发展战略；在加强与"一带一路"国家的交流合作中，推动"一带一路"建设高质量发展，努力建设高质量的中国教育体系，并积极参与新时代全球教育治理体系改革，加快构建以国内大循环为主体、国内国际双循环相互促进的新发展格局。

2024 年 9 月
于北京外国语大学

（王定华，北京外国语大学党委书记、博士、教授、博士生导师，国家督学。历任河南大学教师、中国驻纽约总领事馆教育领事、教育部基础教育一司司长、教育部教师工作司司长等。）

本书前言

柬埔寨位于亚洲中南半岛南部，地处澜沧江-湄公河的中心，拥有丰富的自然资源，是"21世纪海上丝绸之路"在中南半岛的"中路国家"，处于"一带一路"五大方向中三大方向交汇的核心地带，是重要的"一带一路"共建国家。

古代柬埔寨历经扶南、真腊、吴哥王朝。曾经是中南半岛最为强盛的国家之一，国土曾包括了东南亚的大部分地区。在高棉王国统治的黄金时期，这里经济繁荣，文化蓬勃发展，人们建造了宏伟壮观、举世瞩目的吴哥寺，复杂的灌溉系统、巨大的水库和无数保证粮食运输的运河系统。然而，在13世纪晚期，吴哥王朝落寞，曾经辉煌的文明最终被热带森林所覆盖。近现代柬埔寨历经起起伏伏，饱受战争的摧残，曾沦为法国殖民地，也曾被称为"东方之珠"，高速发展。然而，持续近30年的内战使柬埔寨千疮百孔。进入21世纪以来，柬埔寨王国政权稳定，有"亚洲经济新虎"之称，经济快速增长，发展势头强劲。

教育一直被柬埔寨政府视为推动国家繁荣和辉煌的重要工具，是国家的首要发展任务之一。柬埔寨积极发展教育事业，以期建立安全稳定的政治秩序，实现国家长期经济增长、社会可持续发展、人民生活水平不断提高的目标。

柬埔寨政府出台多项涉及教育的国家政策文件，包括《柬埔寨千年发展目标》《全民教育国家计划》《国家战略发展规划》《教育战略规划》等。

进入"四角战略"第三阶段后，政府将能力建设和人力资源开发作为优先发展事项，密集出台了多项教育政策和法规，包括《2019—2023 年国家教育战略规划》《柬埔寨 2030 年中学教育蓝图》《2030 年高等教育愿景》《柬埔寨 2030 年教育路线图——可持续发展目标 4》《国家终身学习政策》等。这些政策取得了良好的实施效果。柬埔寨各级各类教育机构数量不断增加，教育机构类型多样化，教育普及率不断提高，教育质量不断提升，师资结构不断优化，教育经费逐年增加，教育国际化程度不断加深。

中柬两国人民友好交流历史源远流长。随着中柬两国经济、政治交往的不断加深，教育交流也变得更加密切和广泛。2013 年，"一带一路"倡议提出。"一带一路"倡议旨在促进经济合作，深化相互理解。柬埔寨积极响应"一带一路"倡议，并认为共建"一带一路"为中柬两国描绘了光明的合作前景，为两国在各个领域的合作提供了前所未有的机遇。双方签署了《中华人民共和国和柬埔寨王国关于编制共同推进"一带一路"建设合作规划纲要的谅解备忘录》等文件。柬埔寨政府将"一带一路"倡议与柬埔寨的"四角战略"、《2015—2025 年工业发展政策》有效对接，促进两国在基础设施、农业、产能建设、产业集群、文化与旅游、金融、生态环境保护 7 个优先领域的合作，在"一带一路"框架下深化双边务实合作，从而实现更快更好的发展。

中柬两国在文化、教育、科技等领域的合作不断拓展。两国政府和民间已搭建多个教育合作、文化交流平台，促成人文交流具体项目落地。在柬青少年学习中文热情很高，汉语热在柬持续升温，到中国留学的柬埔寨学生越来越多，孔子学院和孔子课堂广受欢迎。

2023 年是中柬两国建交 65 周年，中柬两国宣布启动了"中柬友好年"系列庆祝活动。以 2023 年中柬建交 65 周年和"中柬友好年"为契机，双方构建高质量、高水平、高标准的新时代中柬命运共同体，并发表了《中柬命运共同体：迈向"钻石六边"合作架构新时代》。当前，中柬两国关系良好，两国政府和人民不断赓续传统友谊，政治互信不断实现新跃升，务实合作不断取得新突破，人文教育交流协助呈现新气象。

本书从自然地理、国家制度和社会生活三方面勾勒了柬埔寨的国情概况，梳理了柬埔寨各个时期文化教育的特点，呈现了各阶段文化生态与文化传统。纵观高棉文明的各个发展时期，文化影响了教育，不同时期的教育各具特点。传统文明与现代文明不断推动着柬埔寨教育发展。本书系统全面翔实地介绍了柬埔寨学前教育、基础教育、高等教育、职业教育、成人教育、教师教育的基本情况，分析了柬埔寨教育发展中的问题与挑战，以及政府的应对策略，从柬埔寨教育行政与教育政策两方面分析了柬埔寨教育发展改革、实践和效果。最后，着重叙述了中柬两国教育交流合作的历史与现状、模式与原则。本书第一作者张兴国于2007—2010年在中国驻柬埔寨大使馆工作，撰写本书前言、结语并统稿，第二作者魏丽珍撰写第一至第十二章。

衷心感谢北京外国语大学党委书记、中国教育学会副会长兼国际教育分会理事长、"一带一路"国家文化教育大系总主编王定华教授，感谢外语教学与研究出版社编审人员给予的悉心指导和专业支持，感谢驻柬埔寨使馆原大使张金凤、现驻柬埔寨使馆政治处主任石伟伟，以及上海外国语大学东方语学院柬埔寨语专业教师柬弘信（Thong Hongheng）提供的大力帮助。

由于作者学识浅陋，研究能力不足，本书可能存在一些不足之处，恳请学界同仁与广大读者批评斧正。

张兴国　魏丽珍
2024 年 9 月于天津

目　录

第一章 国情概览

第一节 自然地理

一、地理位置

柬埔寨王国（以下简称柬埔寨）位于亚洲中南半岛南部，地理坐标为北纬 10° 20′ —14° 32′，东经 102° 18′ —107° 37′。柬埔寨首都金边属东7 时区，当地时间比北京时间晚 1 小时。柬埔寨西部和西北部与泰国毗邻，东北部与老挝交界，东部和东南部同越南接壤，西南濒临泰国湾。湄公河自北向南横贯全境，长约 500 千米。国土面积约 18.1 万平方千米，全国海岸线长约 460 千米。[1]

二、地形地貌

柬埔寨地形呈簸箕状。[2] 柬埔寨北部、西部、东部为山地和高原，中

---

[1] 资料来源于柬埔寨发展理事会官网。

[2] 钟楠. 柬埔寨文化概论 [M]. 广州：世界图书出版公司，2014：25.

部、南部为平原，形成边缘高，中间低，向东南敞口的碟状盆地地貌。山地、高原、平原分别约占柬埔寨国土面积的 25%、29% 和 46%。[1] 沿海多岛屿，如戈公岛。

柬埔寨西北部和西部地区多为山地。与泰国接壤的北部有柬埔寨最大的山脉——扁担山脉。扁担山脉东西绵延 320 千米，形似扁担，平均海拔约 500 米。扁担山脉南坡多落叶林，森林茂密，是柬埔寨的重要林区之一。柬埔寨西部的豆蔻山脉，平均海拔约 1 000 米，最高峰为奥拉山，海拔 1 813 米。[2] 豆蔻山脉向东南延伸，与位于柬埔寨西南地区的象山山脉相连，两大山脉覆盖了洞里萨湖和泰国湾之间的大部分陆地面积，自马德望省至贡布省绵延数百千米。

柬埔寨东北部和东部以高原为主，被大片森林覆盖。东部和东北部高原主要有桔井高原、上丁高原、腊塔纳基里高原（或称波盖高原）、蒙多基里高原（或称川笼高原）、磅湛高原。在潮湿的气候条件下，高原经长期风化后形成肥沃的红壤，因而该地区是柬埔寨经济作物主要种植地区，也是重要的畜牧场和旱地农业区。此外，腊塔纳基里高原还是贵重木材的重要产地。

柬埔寨中、南部为平原。纵贯柬埔寨的湄公河及其支流裹挟大量泥沙，不断冲积河口，日积月累，在柬埔寨中南部形成了平坦广阔的洞里萨平原和湄公河平原。平原地区土壤肥沃，水源充足，是柬埔寨重要的农产区和水产区。

自北向南流经柬埔寨的湄公河是柬埔寨最重要的河流之一，也是该地区最长的河流之一。湄公河在中国境内的河段叫澜沧江，经缅甸、老挝、泰国等国，进入柬埔寨境内，为该国提供了重要的水资源，支持了该国的农业、水产业发展。湄公河流经柬埔寨首都金边时，与洞里萨河、百色河

---

[1] 钟楠. 柬埔寨文化概论 [M]. 广州：世界图书出版公司，2014：25.

[2] 资料来源于大英百科全书官网。

汇合。金边以北的上湄公河、以南的下湄公河与洞里萨河、百色河在金边汇聚成一片宽广的水面，河流像四支巨大的手臂伸向远方，柬埔寨人称这片水域为"四面河"，当地华侨给它起了一个形象的名字"四臂湾"。

湄公河流经的区域形成了许多湖泊、沼泽和湿地，其中最著名的是洞里萨湖。洞里萨湖位于柬埔寨中部，是东南亚最大的淡水湖。洞里萨湖以其在雨季和旱季间水位明显变化而闻名。旱季时，其面积为 2 500 多平方千米，平均水深仅 1 米左右。到雨季时，大量降雨使湄公河水位上涨，连接湄公河与洞里萨湖的河水逆流，洞里萨湖面积扩大，湖面达 1 万平方千米，水深可达 10 米以上。这种现象带来的丰富沉积物为各种鱼类提供了生长条件，使洞里萨湖成为世界上淡水鱼最丰富的区域之一。[1]

三、气候条件

柬埔寨属热带季风气候，特点是气温高，雨量多，旱季和雨季分明。每年 5—10 月西南季风盛行，降雨量较大，为柬埔寨雨季。11 月到次年 4 月东北季风盛行，降水少，为柬埔寨旱季。受地形和季风影响，全国各地的年降水量差异较大，西南象山山脉南端可达 5 400 毫米，中部平原地区降雨量在 1 270 1 400 毫米。全年平均气温为 29—30℃，1 月和 12 月气温最低，平均 24℃，4—5 月最热，最高温度达 40℃。[2]

---

[1] 资料来源于世界国家百科全书官网。

[2] 商务部国际贸易经济合作研究院，中国驻柬埔寨大使馆经济商务处，商务部对外投资和经济合作司. 对外投资合作国别（地区）指南：柬埔寨（2022 年版）[EB/OL]. [2023-11-30]. http://www.mofcom.gov.cn/dl/gbdqzn/upload/jianpuzhai.pdf.

四、自然资源

柬埔寨拥有丰富的水资源、森林资源等。

柬埔寨位于湄公河流域,水资源丰富。湄公河及其支流为农田灌溉、渔业发展、饮用水供应等提供了重要的支持。洞里萨湖素有"鱼湖"之称。柬埔寨的西南部也有重要渔场,多产鱼虾。

柬埔寨森林覆盖率为 46.86%,森林主要分布在东、北和西部山区。柬埔寨盛产柚木、铁木、紫檀、黑檀等高级木材,木材储量超过 11 亿立方米。东部高原上生长 30 多米高的阔叶林。西南部的海拔较高地区有松树林,向海斜坡上覆盖着原始雨林,生长高度约 45 米或更高。[1] 柬埔寨沿海地带的植被为常绿林和红树林。柬埔寨森林中有大量的野生动物,如老虎、豹子、大象、野牛、犀牛、鹿,比较常见的鸟类有苍鹭、鹤、松鸡、野鸡、孔雀、鹈鹕、鸬鹚、白鹭、野鸭等。[2] 柬埔寨一些地区的森林遭到非法砍伐和破坏。近年来,政府采取了一系列措施来改善森林管理和保护问题,包括制定法规、加强执法、推动社区参与等。

---

[1] 商务部国际贸易经济合作研究院,中国驻柬埔寨大使馆经济商务处,商务部对外投资和经济合作司. 对外投资合作国别(地区)指南:柬埔寨(2022 年版)[EB/OL]. [2023-11-30]. http://www.mofcom.gov.cn/dl/gbdqzn/upload/jianpuzhai.pdf.

[2] 资料来源于大英百科全书官网。

第二节 国家制度

一、国家象征 [1]

柬埔寨国旗呈长方形，长与宽之比为3：2。由三个平行的横向长方形相连构成，中间是红色宽面，上下均为蓝色长条。红色象征吉祥和喜庆，蓝色象征光明和自由。红色宽面中间绘有白色的吴哥窟，象征柬埔寨悠久的历史和古老的文化。

柬埔寨国徽是以王剑为中心线左右对称的图案。王剑由托盘托举，象征一切权力归于国王，意为王权至高无上；左右两侧各由一头大象和狮子守护着五层华盖，"五"这个数字在柬埔寨文化中意为"完美、吉祥"。顶端两侧伸展向上的棕榈树叶象征胜利。国徽下方的饰带上用柬埔寨语书写着"柬埔寨王国之国王"。整个国徽象征柬埔寨王国在国王的领导下是一个统一、完整、团结和幸福的国家。

二、行政区划与主要城市

（一）行政区划

柬埔寨全国共有24个省和1个直辖市（金边市）。[2] 金边是柬埔寨首都，

---

[1] 商务部国际贸易经济合作研究院，中国驻柬埔寨大使馆经济商务处，商务部对外投资和经济合作司. 对外投资合作国别（地区）指南：柬埔寨（2022年版）[EB/OL]. [2023-11-30]. http://www.mofcom.gov.cn/dl/gbdqzn/upload/jianpuzhai.pdf.

[2] 商务部国际贸易经济合作研究院，中国驻柬埔寨大使馆经济商务处，商务部对外投资和经济合作司. 对外投资合作国别（地区）指南：柬埔寨（2022年版）[EB/OL]. [2023-11-30]. http://www.mofcom.gov.cn/dl/gbdqzn/upload/jianpuzhai.pdf.

下辖14个行政区。24个省份分别为班迭棉吉省、马德望省、磅湛省、磅清扬省、磅士卑省、磅同省、贡布省、干丹省、戈公省、白马省、桔井省、蒙多基里省、奥多棉吉省、拜林省、西哈努克省、柏威夏省、菩萨省、波萝勉省、腊塔纳基里省、暹粒省、上丁省、柴桢省、茶胶省、特本克蒙省。

（二）主要城市

柬埔寨较大的城市有金边市、马德望市、暹粒市、西哈努克市等。

金边位于柬埔寨的中南部，湄公河下游与洞里萨河之间的三角洲地带，是柬埔寨的首都和最大城市。金边面积678.46平方千米，是柬埔寨人口最多的城市，人口密度居全国之首。[1] 在柬埔寨历史上，金边曾两次被定为首都。1434年，吴哥国王放弃了当时的都城吴哥，到金边建都，修筑了王宫，建造了佛寺，填平了低地，开挖了运河，使金边城初具规模，为金边后来的建设奠定了基础。1497年，由于王室分裂，首都从金边迁出。直到1867年，诺罗敦国王迁都金边。

金边是柬埔寨政治、经济和文化中心，也是国内、国际航空和水陆交通枢纽。金边具有一定的工商业基础，纺织等行业的中小型企业在经济发展中起到重要作用。近年来，金边保持着较快的经济增长速度，旅游业是金边的传统支柱产业之一，为城市的总体经济发展和居民就业做出了重要贡献。新街市（中央市场）和塔子山是金边市最著名的旅游区及地标。金边以王宫和波列莫罗科特佛塔为中心。东部包括王宫、王家博物馆、王家花园、国家博物馆等。西部为新区，有现代化的建筑、宽阔的林荫大道、众多的公园等。传统建筑和近年来兴建的现代化大厦给城市增添了生机和活力。

---

[1] 资料来源于柬埔寨规划部官网。

马德望市是柬埔寨西北部马德望省的省会城市，也是该国第二大城市，距金边 292 千米。马德望省地处柬埔寨西部，与泰国接壤，自 11 世纪建城以来便是两国的交通与贸易枢纽。马德望土壤肥沃，农林渔业发达，盛产稻米和水果，有"柬埔寨的粮仓"的美誉。城郊是稻米、黄麻、杧果、榴梿等农产品的集散地。碾米、锯木、棉织、麻袋工业比较发达。马德望市内保留了殖民时期的建筑物，许多小寺庙星罗棋布，是一座历史底蕴深厚的城市。

西哈努克市，也称为西港，是西哈努克省省会，位于柬埔寨西南部，面向泰国湾。西哈努克市原名磅逊，后为纪念柬埔寨的国父、前国王诺罗敦·西哈努克（以下简称西哈努克），改称西哈努克市。西哈努克市是港口城市，也是柬埔寨的第三大城市，距离首都金边约 230 千米。西哈努克港是柬埔寨唯一的深水港，也是柬埔寨最繁忙的海岸港口。西港特区是由中柬共同开发建设的中国首批 6 个境外经贸合作区之一，是共建"一带一路"的标志性项目之一，也是柬埔寨目前规模最大、就业人口最多的经济特区，距离西哈努克市仅 17 千米。金港高速连接金边和西哈努克，是柬埔寨第一条高速公路和中柬共建"一带一路"重点项目，2022 年建成通车，使金边到西哈努克市车程由 5 个多小时缩短至 2 小时内。西哈努克市除了经济高速发展外，还以其美丽的海滩而闻名，吸引了众多国际游客，是柬埔寨最受欢迎的度假胜地之一。

暹粒市是暹粒省的省会，位于柬埔寨的西北部，洞里萨湖的北岸，距离金边 311 千米。举世闻名的世界奇迹吴哥窟位于暹粒市北郊。暹粒的历史可以追溯到 9 世纪，暹粒是吴哥帝国的重要城市，然而，随着吴哥帝国的落寞，暹粒逐渐失去了风采。近年来，随着旅游业的兴起，暹粒市逐渐展现出其历史和文化的魅力。暹粒保留了柬埔寨丰富的传统文化，处处体现出古老和现代的交融，展现了柬埔寨独特的风情。

三、政治体制 [1]

（一）政治制度

柬埔寨是君主立宪制王国，实行多党自由民主制，立法、司法和行政三权分立。国王是国家最高元首、武装力量最高统帅、国家统一和永存的象征，有权宣布大赦，在首相建议并征得国会主席同意后有权解散国会。国会是国家最高权力机构和立法机构，宪法赋予国会立法权、财政控制权、监督权和议会自治权。参议院有权审议国会通过的法案。柬埔寨司法独立。法院系统有初级法院、上诉法院和最高法院三级。政府是柬埔寨最高行政机构，领导军队、警察、其他武装力量和行政机构，其任务是根据宪法制定的基本原则，保证法律执行、国家政策实施，领导全国的行政工作，设首相、副首相、国务大臣、大臣、国务秘书等。

（二）政治党派

柬埔寨人民党，其前身为柬埔寨人民革命党，成立于 1951 年 6 月，1991 年 10 月改为现名。对内主张维护政局稳定，致力于经济发展和脱贫，建立民主法治国家；对外奉行独立、和平、中立和不结盟政策，支持建立国际政治经济新秩序，主张加强南南合作、缩小贫富差距、加强区域合作、维护地区和平和繁荣。重视同周边邻国的友好合作以及与中、日、法等国发展友好关系，积极改善同美国及西方的关系。

奉辛比克党，其前身为"争取柬埔寨独立、中立、和平与合作民族团结阵线"，1981 年，由西哈努克创建并任主席，1992 年改为现名。对内主张

---

[1] 中华人民共和国外交部. 柬埔寨国家概况 [EB/OL]. [2023-11-30]. https://www.mfa.gov.cn/web/gjhdq_676201/gj_676203/yz_676205/1206_676572/1206x0_676574/.

政治民主化，经济私有化，维护君主立宪制；对外奉行独立、和平、中立与不结盟外交政策，主张与世界各国和一切友好政党建立和发展友好合作关系，以和平方式解决与邻国的边界领土争端。

四、外交关系 [1]

柬埔寨奉行独立、和平、永久中立和不结盟的外交政策，反对外国侵略和干涉，在和平共处五项原则的基础上，同所有国家建立和发展友好关系。主张相互尊重国家主权，通过和平谈判解决与邻国的边界问题及国与国之间的争端。1998 年，柬埔寨恢复在联合国的席位，2003 年，加入世界贸易组织。迄今，柬埔寨与 172 个国家建交，其中，62 个国家向柬埔寨派出大使，常驻金边使馆 28 家；柬埔寨向 22 个国家派出大使，设 8 个领事馆，任命 3 位名誉领事。

柬埔寨重视同中国、美国、法国、俄罗斯、日本、印度等国关系，积极推进国家间经济、社会、文化等领域的合作。柬埔寨重视发展同东盟国家的友好合作关系。1999 年，柬埔寨正式加入东盟，2002 年、2012 年、2022 年，担任东盟轮值主席国。柬埔寨积极参与东盟政治合作机制和经济一体化进程，坚持成员协商一致和不干涉内政等原则，主张加强合作，缩小新老成员差距。柬埔寨重视加强东盟内部和大湄公河次区域经济合作，积极推动柬越老经济三角区、柬泰老经济三角区和柬泰老缅四国经济合作。

柬埔寨与中国于 1958 年 7 月 19 日正式建交，两国关系长期稳定发展，在政治、经贸、文化、教育等领域的友好交流合作日益深化。自"一带一路"倡议提出以来，作为"海上丝绸之路"重要节点的柬埔寨已经与中国

---

[1] 资料来源于柬埔寨外交与国际合作部官网。

在经贸等领域开展了务实合作，为双方带来丰硕成果。2019 年 4 月 8 日，柬埔寨与中国签署中柬构建命运共同体行动计划，表明中柬全面战略合作伙伴关系达到了历史新高度。

第三节　社会生活

一、人口与民族

根据 2019 年柬埔寨人口普查结果显示，柬埔寨人口约 1 600 万，人口地理分布不平衡，中部平原地区人口多，占总人口的 48.9%，洞里萨湖地区人口约占 31.4%，高原和山区人口约占 12.7%，沿海地区人口约占 6.9%。首都金边人口约 213 万，人口密度为每平方千米 3 136 人。[1] 柬埔寨人口年轻化特点明显，2022 年，柬埔寨劳动力（所有年满 15 周岁、符合国际劳工组织对从事经济活动人口所作定义的群体）人口约为 902 万人，比 2021 年增加了约 13.2 万人。[2]

柬埔寨是一个多民族国家，高棉族占总人口的 80%。[3] 高棉人属于孟高棉民族语言群体，经历了错综复杂的文化和种族融合，集中在湄公河和洞里萨河周围的低地、平原和沿海地区。少数民族有占族、普农族、老族、

---

[1] 资料来源于柬埔寨规划部官网。

[2] 资料来源于世界银行官网。

[3] 商务部国际贸易经济合作研究院、中国驻柬埔寨大使馆经济商务处、商务部对外投资和经济合作司. 对外投资合作国别（地区）指南：柬埔寨（2022 年版）[EB/OL]. [2023-11-30]. http://www.mofcom.gov.cn/dl/gbdqzn/upload/jianpuzhai.pdf.

泰族、华族、京族、缅族、马来族、斯丁族等。[1]

柬埔寨现有华人、华侨约 110 万，约占全国总人数的 6.9%，主要分布在金边市、马德望省、贡布省、茶胶省等地。金边市的华人、华侨最多，约 30 万人。柬埔寨华人、华侨祖籍主要为广东籍、海南籍、福建籍等，其中以广东潮州籍为最多，约占华人、华侨总数的 80%，广肇籍次之。柬埔寨华人主要在进出口贸易、日用百货、旅游餐饮业、食品加工业、制衣、五金机械、房地产、建筑业、木材加工业、农业、渔业等行业和领域工作。柬埔寨华人于 1990 年成立柬华理事总会，随后成立了 18 个分会。在金边的华人还根据祖籍成立了潮州、海南、广肇、福建、客属 5 大会馆和 10 多个宗亲会。[2]

二、语言

柬埔寨语（又称高棉语）属于南亚语系孟高棉族语，是柬埔寨官方语，在全国范围内通用。[3] 柬埔寨语受历史环境影响，吸收了不少外来语，其中有梵语、巴利语、法语、汉语、泰语、越南语等。现代柬埔寨语以金边语音为标准音，以中部高棉语为基础方言，语音较为复杂，共有 33 个辅音、27 个元音符号和 12 个独立元音，系世界上拥有字母最多的语言之一。辅音分高低辅音两大类。元音符号随高低辅音的不同在读音上又有高低之分，形成两套元音。元音有长短、轻重之分，书写时可放在辅音的上、下、左、右。辅音可单独构成音节和单词，复合辅音用上下重叠的形式来表示。

---

[1] 商务部国际贸易经济合作研究院，中国驻柬埔寨大使馆经济商务处，商务部对外投资和经济合作司. 对外投资合作国别（地区）指南：柬埔寨（2022 年版）[EB/OL]. [2023-11-30]. http://www.mofcom.gov.cn/dl/gbdqzn/upload/jianpuzhai.pdf.

[2] 商务部国际贸易经济合作研究院，中国驻柬埔寨大使馆经济商务处，商务部对外投资和经济合作司. 对外投资合作国别（地区）指南：柬埔寨（2022 年版）[EB/OL]. [2023-11-30]. http://www.mofcom.gov.cn/dl/gbdqzn/upload/jianpuzhai.pdf.

[3] 刘书琳. 柬埔寨语言政策、语言规划探微 [J]. 宿州教育学院学报，2015（2）：145-148.

英语在柬埔寨政府部门较通用。柬埔寨主要城市的居民较多能使用英语进行简单交流。当地许多年长的人能讲法语。中文、越南语是普通市民中使用较多的外语。柬埔寨华人除用英语和柬埔寨语外，相互之间可以讲普通话、闽南语、粤语。

三、宗教

宗教在柬埔寨人民的政治、社会和日常生活中占有十分重要的地位。[1]柬埔寨国教是佛教，97% 的柬埔寨人信仰佛教，[2] 信仰小乘佛教的人占全国人口的 80% 以上。[3] 佛教与柬埔寨文化和历史紧密相连，深深植根于柬埔寨人的日常生活中。寺庙遍及全国，僧王和僧侣的社会地位很高。通常，男子无论社会地位高低，一生都要出家一次，否则为世俗鄙视，但可以随时还俗，还俗后求婚、就业都比较容易。除佛教外，柬埔寨也有其他宗教信仰，如伊斯兰教、基督教等。柬埔寨宪法规定，男女公民均享有充分的信仰自由，国家保护信仰和宗教自由。

四、经济

柬埔寨是传统农业国，工业基础薄弱。进入 21 世纪以来，柬埔寨政

---

[1] 商务部国际贸易经济合作研究院，中国驻柬埔寨大使馆经济商务处，商务部对外投资和经济合作司. 对外投资合作国别（地区）指南：柬埔寨（2022 年版）[EB/OL]. [2023-11-30]. http://www.mofcom.gov.cn/dl/gbdqzn/upload/jianpuzhai.pdf.

[2] 资料来源于大英百科全书官网。

[3] 商务部国际贸易经济合作研究院，中国驻柬埔寨大使馆经济商务处，商务部对外投资和经济合作司. 对外投资合作国别（地区）指南：柬埔寨（2022 年版）[EB/OL]. [2023-11-30]. http://www.mofcom.gov.cn/dl/gbdqzn/upload/jianpuzhai.pdf.

局稳定，实行市场经济体制，全面开放国内市场，推行经济私有化和贸易自由化，经济得到稳定发展。自 2011 年起，柬埔寨连续 9 年国内生产总值增长率在 7% 以上，[1] 经济处于快速发展时期，被称为"亚洲经济新虎"。[2] 柬埔寨积极融入区域、次区域合作，重点参与区域连通计划的软硬设施建设，加大吸引投资特别是私人领域参与国家建设，以"四驾马车"（农业、以纺织和建筑为主导的工业、旅游业、外国直接投资）拉动经济稳步前行。世界经济论坛发布的《2017—2018 年全球竞争力报告》显示，柬埔寨在全球最具竞争力的 137 个国家和地区中，排第 94 位。[3] 世界银行发布的《2018 年营商环境报告》显示，柬埔寨在全球 190 个经济体中排名第 135 位。[4] 据柬埔寨政府统计，2022 年，国内生产总值约合 295.97 亿美元，同比增长 5.4%，其中工业增长 9%、服务业增长 4.3%、农业增长 0.7%。年均通货膨胀率为 5%。[5] 柬埔寨官方法定货币是瑞尔，美元与瑞尔汇率约保持在 1 ：4 065。[6] 柬埔寨海关总署发布的报告显示，2023 年前 9 个月，柬埔寨进出口总额超过 351 亿美元，其中出口额约 169 亿美元。[7] 柬埔寨经济和财政部预测，2024 年柬埔寨经济将增长 6.6%，其中工业、服务业、农业将分别增长 8.5%、6.9% 和 1.1%。[8] 为保持经济持续增长，柬埔寨政府积极采取各项措施，加强互联互通、减少贸易壁垒和简化海关程序等，提高贸易竞争力，并推动实现旅游产品和旅游目的地多元化。

---

[1] 资料来源于柬埔寨国家统计局官网。

[2] 资料来源于亚洲发展银行官网。

[3] 资料来源于世界经济论坛官网。

[4] 资料来源于世界银行官网。

[5] 商务部国际贸易经济合作研究院，中国驻柬埔寨大使馆经济商务处，商务部对外投资和经济合作司. 对外投资合作国别（地区）指南：柬埔寨（2022 年版）[EB/OL].　[2023-11-30]. http://www.mofcom.gov.cn/dl/gbdqzn/upload/jianpuzhai.pdf.

[6] 在当地日常生活中，美元与瑞尔同时流通使用。

[7] 资料来源于柬埔寨海关总署官网。

[8] 商务部国际贸易经济合作研究院，中国驻柬埔寨大使馆经济商务处，商务部对外投资和经济合作司. 对外投资合作国别（地区）指南：柬埔寨（2022 年版）[EB/OL].　[2023-11-30]. http://www.mofcom.gov.cn/dl/gbdqzn/upload/jianpuzhai.pdf.

（一）农业

农业在柬埔寨国民经济中具有举足轻重的地位。柬埔寨农业资源丰富，自然条件优越，可耕地面积 630 万公顷，其中可灌溉面积为 37.4 万公顷。劳动力充足，农业人口占总人口的 85%，占全国劳动力 78%。[1] 尽管存在基础设施和技术落后、资金和人才匮乏等制约因素，但柬埔寨农业发展潜力较大。在以增长、就业、公平、效率为核心的国家发展"四角战略"[2] 中，政府将农业列为优先发展的领域，竭力改善农业生产及其投资环境，充分挖掘潜力，发挥优势，开拓市场。

2021 年，柬埔寨农业国内生产总值达 61.12 亿美元，其中，种植业占 57.4%，水产养殖业占 24.3%，畜牧业占 11.3%。[3] 水稻、渔业是柬埔寨核心农业产业，柬埔寨政府高度重视。湄公河、洞里萨河、巴萨河沿岸为主要产稻区。但目前柬埔寨水稻、渔业处于低水平发展阶段，水稻生产以小农户粗放式经营为主，稻米加工以中小型加工企业为主，洞里萨湖区水产养殖以家庭小规模粗放养殖为主，水产品加工技术水平低、规模小，以小规模的鱼干、腌制等初级加工为主，多为家庭作坊。为改变现状，柬埔寨水稻产业正在推动"水稻种子提升工程"并建立水稻种子发展中心，旨在提升水稻良种供应能力；制定了多项发展战略来保障渔业可持续发展，积极推

---

[1] 商务部国际贸易经济合作研究院，中国驻柬埔寨大使馆经济商务处，商务部对外投资和经济合作司. 对外投资合作国别（地区）指南：柬埔寨（2022 年版）[EB/OL]. [2023-11-30]. http://www.mofcom.gov.cn/dl/gbdqzn/upload/jianpuzhai.pdf.

[2]"四角战略"是柬埔寨政府于 2004 年提出的以优化行政管理为核心的指导柬埔寨经济发展方向的战略规划，是在实现上届政府提出的稳定局势、重建经济、融入国际社会的"三角战略"目标的基础之上提出的。"四角战略"中第一角的任务是提高农业生产力，第二角的任务是恢复和重建基础设施，第三角的任务是发展私人经济和增加就业，第四角的任务是培养人才和发展人力资源。"四角战略"分四个阶段实施，第一阶段为 2004—2008 年，第二阶段为 2008—2013 年，第三阶段为 2013—2018 年，第四阶段为 2018—2023 年，该战略旨在通过有效管理和深入改革，促进经济增长，解决民众就业问题，保障社会平等与公正。

[3] 商务部国际贸易经济合作研究院，中国驻柬埔寨大使馆经济商务处，商务部对外投资和经济合作司. 对外投资合作国别（地区）指南：柬埔寨（2022 年版）[EB/OL]. [2023-11-30]. http://www.mofcom.gov.cn/dl/gbdqzn/upload/jianpuzhai.pdf.

动渔业改革，建立渔业社区参与渔业资源管理和保护。除水稻外，柬埔寨生产的橡胶、玉米、大豆、木薯及热带水果也大量出口。

（二）工业

据柬埔寨工业科技创新部报告，2022 年全国在运营的大型工厂共 1 982 家，较上年增加 103 家。全年创造 1 026 671 个就业岗位，同比增长 4.05%。工业手工业企业 43 997 家，创造 451 024 个就业岗位。主要涉及纺织制衣、食品、饮料、木材加工、纸产品和印刷、化工、橡胶、塑料、金属生产和加工等行业。全年工业领域投资额 166.91 亿美元，同比增长 20.84%，投资目的地主要位于首都金边市、西哈努克省、柴桢省、贡布省等。全年共批准 4 276 个建筑项目，同比减少 27 个，建筑面积 728.98 万平方米，投资额 29.72 亿美元，同比分别下降 43.92% 和 344.27%。[1]

纺织业和建筑业是柬埔寨工业的两大支柱。[2] 2004 年以来，纺织业和建筑业作为"四驾马车"中重要一环，推动工业稳步发展。

柬埔寨制衣业自 1996 年兴起，发展迅速。柬埔寨充分利用本国低廉劳工成本、发达国家给予优惠政策等，吸引外资投入制衣和制鞋业。制衣业是柬埔寨最大的出口行业，占国内生产总值的 40%。目前，柬埔寨全国约有 1 100 家制衣厂，为超过 80 万柬埔寨人提供就业岗位。[3] 根据柬埔寨官方报告，2022 年前 7 个月，柬埔寨出口总额达 137.8 亿美元，其中近 50% 来自制

---

[1] 资料来源于柬埔寨工业科技创新部。

[2] 商务部国际贸易经济合作研究院，中国驻柬埔寨大使馆经济商务处，商务部对外投资和经济合作司. 对外投资合作国别（地区）指南：柬埔寨（2022 年版）[EB/OL]. [2023-11-30]. http://www.mofcom.gov.cn/dl/gbdqzn/upload/jianpuzhai.pdf.

[3] 商务部国际贸易经济合作研究院，中国驻柬埔寨大使馆经济商务处，商务部对外投资和经济合作司. 对外投资合作国别（地区）指南：柬埔寨（2022 年版）[EB/OL]. [2023-11-30]. http://www.mofcom.gov.cn/dl/gbdqzn/upload/jianpuzhai.pdf.

农业。[1]

柬埔寨的建筑业涉及建设住宅和商业楼、桥梁以及公共基础设施、土地改良等。建筑业吸引了包括中国、日本、韩国、亚洲开发银行等国家或组织机构的投资者进行投资。

柬埔寨工业领域虽然持续发展，但工业发展基础较为薄弱，工业化道路面临重重困难和挑战。[2] 为保持经济的中高速增长，解决自身经济中存在的问题，尽快融入东盟区域经济一体化进程，2015 年 8 月，柬埔寨提出了《2015—2025 年工业发展政策》，主要目标是到 2025 年融入地区和国际产业链，将柬埔寨当前劳动力密集型经济发展方式转变为技能驱动型经济发展方式，并向科技驱动型和知识型现代产业发展。

（三）旅游服务业

柬埔寨旅游资源丰富。柬埔寨位于中南半岛，一面靠海，三面被丘陵与山脉环绕，中部为广阔而富庶的平原，境内有湄公河和东南亚最大的淡水湖——洞里萨湖。悠久古老的高棉文明给柬埔寨旅游业带来独特的魅力。

旅游业是柬埔寨经济的四大支柱性产业之一。柬埔寨凭借三项世界遗产——位于暹粒省的吴哥窟、位于柏威夏省的柏威夏寺和位于磅同省的三波坡雷古寺庙群，以及横跨西南四省（西哈努克省、白马省、戈公省、贡布省）、长达 450 千米的原始海岸线，每年吸引了全球数百万游客来参观旅游。据柬埔寨旅游部统计，在新冠肺炎疫情以前的 2019 年，柬埔寨共接待外国游客 661 万人次，其中中国游客 236.2 万人次，约占总数的 36%。2019年，柬埔寨旅游业创造了 49.2 亿美元的收入，对柬埔寨国内生产总值有

---

[1] 赵益普. 柬埔寨制衣业发展势头强劲 [EB/OL]. [2023-12-03]. http://world.people.com.cn/n1/2022/0829/c1002-32513401.html.

[2] 陆积明. 柬埔寨工业化道路面临重重困难和挑战 [EB/OL]. [2023-12-03]. https://cc-times.com/posts/16415.

重要贡献，解决了 60 多万人的就业。疫情对柬埔寨旅游业造成巨大冲击，2022 年，柬埔寨旅游业逐步复苏，柬埔寨当年迎来了 227 万名国际游客，同比增长 1 058.6%，其中，中国游客 10.6 万人次。85% 的酒店全部或部分恢复运营，旅游业收入为 14.2 亿美元，同比增长 669%。为吸引和欢迎中国游客，柬埔寨国家银行申请加入人民币跨境支付系统，柬埔寨旅游部鼓励酒店、餐厅等营业场所用人民币进行结算，允许中国游客在柬埔寨使用微信支付、支付宝等数字支付服务，大大方便了中国游客在柬消费。[1]

近年来，沿海地区逐步成为继吴哥景区之后又一重要的旅游目的地。柬埔寨政府高度重视沿海各省旅游业的发展，2012 年 1 月通过了《柬埔寨海滩地区开发和管理委员会王令》《柬埔寨王国海滩地区开发规划》等文件。根据上述文件，柬埔寨将成立沿海发展管理国家委员会，加强海滩地区的开发与管理工作。目前，柬埔寨政府正在制订"暹粒吴哥和金边至西南沿海地区和东北生态旅游地区"的旅游产品多样化战略。

五、外国投资与援助

柬埔寨政府对外资持欢迎和鼓励态度，外国投资被列为拉动柬埔寨经济稳步发展的"四驾马车"之一。为鼓励外商投资，柬埔寨政府出台了一系列政策措施，不断改善投资环境，新《投资法》已于 2021 年 10 月 15 日正式颁布实施。联合国贸易发展会议发表的 2022 年《世界投资报告》显示，截至 2021 年年底，柬埔寨当年吸收外资流量为 34.84 亿美元，吸收外资存量为 410.25 亿美元。[2]

---

[1] 吴长伟，孙茵. 柬埔寨旅游业已做好"中国准备" [EB/OL]. [2023-12-03]. http://www.xinhuanet.com/globe/2023-03-31/c_1310704074.htm.

[2] 资料来源于联合国贸易发展会议官网。

据经济合作与发展组织统计，自 1960 年以来，柬埔寨共接受外国援助的承诺总额 291.9 亿美元，实际援款支出 181.6 亿美元，日本、美国、亚洲开发银行、联合国相关机构、法国、德国、欧盟等为其主要援助方。根据柬埔寨经济和财政部 2022 年发布的报告，柬埔寨接受的政府开发援助自 2001 年起以年均 10% 的速度增长，政府开发援助资金约占柬埔寨国家发展预算的一半；2020 年，柬埔寨接受政府开发援助的承诺总额约 77.1 亿美元，实际支出超过 20 亿美元，涉及的重要支出领域为：基础设施类（58%）、农业类（26%）、公共管理类（9%）、人才开发类（7%）。[1]

中国向柬埔寨提供的援助和优惠贷款用于超过 3 000 千米公路、8 座大桥、上万千米输变电线路、数十万公顷农田水利项目、医院、学校、体育场等惠及民生的基础设施，以及为柬培训各类官员和技术人员。中国还为柬抗击新冠肺炎疫情提供大量医疗物资，为柬政府发展经济、改善民生、削减贫困做出了重要贡献。[2]

六、交通通信

（一）交通设施

2004 年以来，柬埔寨政府把对基础设施的建设和改善列为“四角战略”的重要任务之一，其中，交通基础设施建设是柬埔寨政府的优先发展领域。

公路是柬埔寨交通运输的主要方式，占客运总量的 87%，占货运总量的 65%。截至 2021 年 11 月，柬埔寨全国公路里程为 61 810 千米，其中，国道

---

[1] 资料来源于柬埔寨经济和财政部官网。

[2] 商务部国际贸易经济合作研究院，中国驻柬埔寨大使馆经济商务处，商务部对外投资和经济合作司. 对外投资合作国别（地区）指南：柬埔寨（2022 年版）[EB/OL]. [2023-11-30]. http://www.mofcom.gov.cn/dl/gbdqzn/upload/jianpuzhai.pdf.

一级路线 9 条，长度 2 254 千米；国道二级路线 72 条，长度 5 161.1 千米；省道 750 条，总里程 12 380 千米；乡村道路 45 241 千米。[1] 国道一级路线主要是以首都金边为中心的公路，路面铺设沥青。2022 年 11 月，柬埔寨首条高速公路金边—西哈努克港高速公路正式通车，标志着柬埔寨正式进入"高速时代"。该条高速连接柬埔寨首都金边和最大深水海港西哈努克港，全长 187.05 千米，采用中国设计及质量标准，由中国路桥工程有限责任公司采用特许权融资（Build-Operate-Transfer）方式投资建设，于 2019 年 3 月开工建设。2022 年 11 月 9 日，国务院总理李克强与柬埔寨首相洪森共同出席通车仪式。2023 年 6 月 7 日，柬埔寨第二条高速公路金边—巴域高速公路正式开工，项目全长约 135 千米，计划建设期 4 年。待项目建成后，从首都金边至柬越最大边境城市巴域市车程仅需一个多小时。柬埔寨政府已与中国签订协议，规划金边—暹粒—卜迭棉芷省波贝市的第三条高速公路。上述三条高速公路均由中国路桥工程有限责任公司承建，这表明了柬埔寨对中国基建技术的认可和肯定，也是中柬两国友谊及务实合作的见证。

目前，柬埔寨仅有南北两条铁路线，总长 655 千米，均为单线米轨。北线从金边至西北部城市诗梳风，全长 385 千米，建于 1931 年；南线从金边至西哈努克港，全长 270 千米，建于 1960 年。柬埔寨的铁路长期处于荒废状态。2010 年起，柬埔寨政府利用亚洲开发银行的低息贷款、澳大利亚政府提供的无偿援助，以及自身财政资金，开始修复现有两条铁路。其中，南线已于 2016 年恢复客运。[2]

柬埔寨空运主要为客运，货运不发达。柬埔寨在金边市、暹粒省、西

---

[1] 商务部国际贸易经济合作研究院，中国驻柬埔寨大使馆经济商务处，商务部对外投资和经济合作司. 对外投资合作国别（地区）指南：柬埔寨（2022 年版）[EB/OL]. [2023-11-30]. http://www.mofcom.gov.cn/dl/gbdqzn/upload/jianpuzhai.pdf.

[2] 商务部国际贸易经济合作研究院，中国驻柬埔寨大使馆经济商务处，商务部对外投资和经济合作司. 对外投资合作国别（地区）指南：柬埔寨（2022 年版）[EB/OL]. [2023-11-30]. http://www.mofcom.gov.cn/dl/gbdqzn/upload/jianpuzhai.pdf.

哈努克省共有 3 个国际机场。由云南省投资控股集团投资建设的暹粒吴哥国际机场于 2023 年 10 月通航；由中建三局总承包建设的新金边国际机场正在建设中，计划于 2024 年年底完工。2016 年，柬埔寨国会通过了《中国-东盟航空运输协议》，批准了第五航权，旨在吸引更多国际航空公司在柬埔寨机场经停、上下旅客和装卸货物，吸引更多游客来柬埔寨旅游。这个协议对柬埔寨民航事业发展具有重要的意义，使柬埔寨同国际和地区更好地实现互联互通。到 2023 年，开通柬埔寨航线的航空公司数量稳步增长，在柬运营的国内外航空公司约 50 家。[1]

柬埔寨水运分为海运与河运。西哈努克港是柬埔寨唯一的深水海港，有 2 个泊位，码头长度分别为 240 米和 160 米，前沿水深 9 米，主要进口商品有原料、车辆、药品和日用品，主要出口商品有服装、农产品，特别是大米。该港海运线路可抵达美国、欧盟国家、中国、印度尼西亚、日本、马来西亚、菲律宾、新加坡、韩国、泰国、越南等国家和地区（多通过新加坡中转）。2021 年，金边港和西哈努克港两大港口吞吐量为 1 083.62 万吨，同比增长 4.5%。其中，金边港吞吐量 384.58 万吨，同比下降 2%；西哈努克港港口吞吐量 699.04 万吨，同比增长 8.5%。[2]

柬埔寨内陆水系主要包括湄公河、洞里萨河和巴萨河，雨季总长度约为 1 750 千米，旱季缩减为 580 千米。全国有 7 个主要河运港口，包括金边港、磅湛码头、桔井码头、上丁码头、奈良码头、磅清扬码头、重涅码头。2013 年，由中国提供优惠资金支持的金边港新建集装箱码头项目竣工。码头位于金边以南约 21 千米的湄公河畔，长 300 米，宽 22 米，有 2 个 500 吨

[1] 商务部国际贸易经济合作研究院，中国驻柬埔寨大使馆经济商务处，商务部对外投资和经济合作司. 对外投资合作国别（地区）指南：柬埔寨（2022 年版）[EB/OL]. [2023-11-30]. http://www.mofcom.gov.cn/dl/gbdqzn/upload/jianpuzhai.pdf.

[2] 商务部国际贸易经济合作研究院，中国驻柬埔寨大使馆经济商务处，商务部对外投资和经济合作司. 对外投资合作国别（地区）指南：柬埔寨（2022 年版）[EB/OL]. [2023-11-30]. http://www.mofcom.gov.cn/dl/gbdqzn/upload/jianpuzhai.pdf.

级货轮泊位，设计年集装箱吞吐量 12 万个标准箱。[1]

（二）通信设施

東埔寨的电信市场竞争激烈。前三大移动（蜂窝）网络供应商分别为 Smart Axiata（马来西亚投资）、Metfone（越南投资）和 Cellcard（東埔寨本地投资）。東埔寨电信服务价格实惠，流量和通话套餐费用均低于全球平均水平。東埔寨流行"移动优先"，民众习惯通过移动设备上网而不是电脑。東埔寨邮电通信部报告显示，2019 年，移动电话用户数 2 167.6 万户，普及率约 140%。截至 2019 年年底，全国陆上骨干光纤里程 41 643.6 千米，海底光纤 3 800 千米。[2]

1997 年，東埔寨引入互联网服务，由邮电通信部下设的 CamNet 公司提供互联网接入服务。東埔寨主要城市的带宽足够支持电子商务活动，许多互联网服务供应商正在增加全国宽带容量。市场上活跃的互联网服务供应商约有十几个，最大的是 S. I. Net 和 Ezecom。

根据世界银行 2020 年的调查，東埔寨 23% 的受访企业开设了网站，47% 的受访企业在经营活动中使用过数字平台，在东南亚国家中仍处于较低水平。[3]

東埔寨是东南亚智能手机普及率最高的国家之一，根据東埔寨电信监管机构统计，截至 2022 年 3 月，東埔寨移动互联网用户为 1 720 万户，注册手机 2 000 万台，移动互联网服务提供商 5 家，固定互联网服务提供商

---

[1] 商务部国际贸易经济合作研究院，中国驻東埔寨大使馆经济商务处，商务部对外投资和经济合作司. 对外投资合作国别（地区）指南：東埔寨（2022 年版）[EB/OL].［2023-11-30］. http://www.mofcom.gov.cn/dl/gbdqzn/upload/jianpuzhai.pdf.

[2] 商务部国际贸易经济合作研究院，中国驻東埔寨大使馆经济商务处，商务部对外投资和经济合作司. 对外投资合作国别（地区）指南：東埔寨（2022 年版）[EB/OL].［2023-11-30］. http://www.mofcom.gov.cn/dl/gbdqzn/upload/jianpuzhai.pdf.

[3] 资料来源于東中时报官网。

35 家，2G 网络覆盖率 92%，3G 网络覆盖率 85%，4G 网络覆盖率 82%。[1]

在政府的鼓励下，柬埔寨逐步建立了电子支付体系，包括电子钱包的支付公司和手机银行软件、提供支付网关用于国内外付款的支付基础服务商、提供银行管理系统的系统服务商、提供借贷和征信保障的数字系统等。截至 2023 年年底，已有 33 家支付服务机构和 2 家银行金融机构获准经营支付业务，电子钱包账户注册用户总数达 1 970 万户。2023 年移动支付交易总数上升 28.7%，达 6 亿笔，总金额为 758 亿美元，增长 18%，相当于国内生产总值的 2.4 倍。[2] Pi Pay 是目前柬埔寨应用人数最多的智慧支付平台。2017 年 12 月，Pi Pay 与支付宝合作，在柬埔寨的中国游客可以在所有 Pi Pay 合作商家直接使用支付宝。[3]

目前，中国电信、华为等公司均与柬埔寨邮电通信部签署了数字经济方面的合作协议，并开展了相关合作：中国电信提出了柬埔寨电信业务数字化转型路线图，并就中柬互联互通协助柬方开展研究工作；华为与柬埔寨邮电通信部在 5G 方面开展合作，目前已与 5 家运营商完成了网络测试，合作内容包括远程医疗、在线游戏、超高清影像等。

七、医疗保障

自 20 世纪 80 年代以来，柬埔寨政府采取措施逐步恢复医疗体系。新生儿的死亡率逐年降低，各种疾病的防治工作也取得了一些进展。据柬埔寨政府公布的最新人口普查报告显示，2022 年，柬埔寨男性人均寿命 67.9 岁，女性人均寿命 73.3 岁。目前，柬埔寨全国医院共有病床 13 464 张，每千人

---

[1] 资料来源于柬中时报官网。

[2] 商务部，中国驻柬埔寨大使馆经济商务处. 2023 年柬埔寨移动支付继续增长 [EB/OL]. [2024-08-18]. http://cb.mofcom.gov.cn/article/jmxw/202402/20240203472405.shtml.

[3] 资料来源于柬中时报官网。

拥有病床 0.97 张，病床使用率 95%，每千人拥有医生数 0.2 人。[1]

柬埔寨一直严重缺乏医务人员，这是其有效实施公共卫生计划的主要障碍。金边拥有全国最好的医疗保健设施和训练有素的医务人员，但大多数农村地区只有当地医务室能提供医疗服务。从 2003 年起，提高卫生服务水平已纳入政府施政纲领，政府制定医疗卫生方面的法律法规，致力于提高医疗卫生服务质量；利用更多公共资源和国际援助加强卫生建设，鼓励私人投资卫生领域；陆续在各地建立医院和医疗中心。2022 年 5 月起，中国政府派驻援柬中医抗疫医疗队。该队由 16 名医护人员构成，专业涵盖中医内科（呼吸、心血管、老年病、神经、风湿）、针灸科、中医骨伤科、中药学、中医护理、中医药卫生研究等。

柬埔寨通过"卫生平等基金"来为穷人提供免费医疗。该基金原本由多个非政府组织于 2000 年成立，后逐渐演变成为由柬埔寨政府负责管理的国家社会保护和医疗援助项目。柬埔寨和世界银行于 2022 年启动了为期 6 年的卫生公平和质量改进项目，以提高公共卫生服务公平性和提升服务质量，迈向实现全国健康覆盖的目标。[2] 根据联合国可持续发展目标，柬埔寨承诺在 2025 年实现全民健康覆盖目标，并已采取积极行动改善公共医疗服务。

八、新闻传媒

柬埔寨新闻报道和传媒主要以高棉语为主。一些新闻机构也提供英语报道以满足国际社会的需求。柬新社是柬埔寨唯一官方通讯社，成立于

---

[1] 商务部国际贸易经济合作研究院，中国驻柬埔寨大使馆经济商务处，商务部对外投资和经济合作司. 对外投资合作国别（地区）指南：柬埔寨（2022 年版）[EB/OL]. [2023-11-30]. http://www.mofcom.gov.cn/dl/gbdqzn/upload/jianpuzhai.pdf.

[2] 陆积明. 柬埔寨致力改善公共卫生服务努力迈向全国健康覆盖目标 [EB/OL]. [2023-12-03]. https://cc-times.com/posts/14189.

1980 年。柬埔寨电视媒体主要包括国家电视台、首都金边第 3 频道、第 5 频道、仙女台、第 9 频道、巴戎台等。柬埔寨有近 30 家广播媒体，其中官方电台 5 家，FM96 电台属国家台，每天播音 19 小时。柬埔寨境内共有近 300 种报纸及多种刊物。中文报纸有《柬华日报》和《柬中时报》，较有影响的英文报刊有 2 种，法文报刊有 1 种。发行量较大的报刊有《和平岛报》（柬文）、《酸角树》（柬文）、《金边邮报》（英文）、《高棉时报》（英文）等。柬埔寨政府门户网站是柬埔寨主要官方网络媒体。[1]

九、休闲与体育

2021 年 8 月竣工的柬埔寨国家体育场是 2023 年东南亚运动会的主场馆，可容纳约 6 万名观众，为柬埔寨群众提供了良好的运动设施。足球、篮球、橄榄球、羽毛球等都是广受柬埔寨民众欢迎的体育项目。赛马在柬埔寨有着悠久的传统，尤其是在柬埔寨皇室中。金边附近的赛马场举办的比赛经常吸引一些热爱赛马运动的观众。潜水在柬埔寨也是很受欢迎的运动和娱乐活动之一。西哈努克市有柬埔寨最好的海滩，为浮潜提供了有利的条件。高棉武术是柬埔寨独有的运动，是一种在独特的传统音乐伴奏下表演的武术，吴哥浮雕中也可看到这种武术动作。此外，独特的东南亚运动——塞帕克·塔克在柬埔寨也较为流行。这是一种类似于排球的运动，球是用藤条做的，所以也被称为"藤球"，但是用脚踢，而不是用手接。藤球最初并不是竞技式的运动，类似于中国的蹴鞠，是一种具有娱乐性质的健身运动，深受青少年的欢迎。

---

[1] 商务部国际贸易经济合作研究院，中国驻柬埔寨大使馆经济商务处，商务部对外投资和经济合作司. 对外投资合作国别（地区）指南：柬埔寨（2022 年版）[EB/OL].［2023-11-30]. http://www.mofcom.gov.cn/dl/gbdqzn/upload/jianpuzhai.pdf.

第二章 文化传统

柬埔寨历史悠久，曾经历过领土扩张时期，经济昌盛，艺术和建筑蓬勃发展，但也经历过国运衰落时期，饱受侵略甚至濒临亡国的厄运。柬埔寨于1世纪下半叶建国，9—14世纪为吴哥王朝时期，国力强盛，文化发达，创造了举世闻名的吴哥文明。在此时期，一方面，疆域范围达到历史最广，覆盖大半个中南半岛；另一方面，这个时期的建筑雕刻数量之多、规模之大、技艺之高，令人叹为观止。1863年，柬埔寨沦为法国的殖民地，其间还被日本占领，直至1953年11月9日获得独立。然而，从20世纪70年代开始，柬埔寨经历了长期的战乱，政权更迭，民不聊生，经济倒退，文化停滞。1993年，在国际社会的斡旋和监督下，柬埔寨举行大选，恢复君主立宪制。此后，随着柬埔寨国家权力机构相继成立和民族和解，社会进入和平与发展的新时期。

文化是人类智力成就的艺术结晶，是民族认同和识别的重要媒介。受时间、环境等因素的影响，文化可能会发生变化或消失。在这个高科技发展和全球化的时代，很难找到任何一个民族的纯粹文化。柬埔寨经历历史浩劫后，外来文化对柬埔寨产生了很大的影响，在柬埔寨，民族和身份认同的丧失越来越引起人们的担心。

第一节 历史沿革

一、独立前的文化

（一）史前时期

早在旧石器时代，高棉人便在这片土地上生息、繁衍，创造早期的人类文明。根据在柬埔寨出土的动物骨制工具、石斧、石砖、青铜制品等，历史学家和考古学家推算，史前时期的高棉人历经了旧石器时代到金属器时代，孕育了早期柬埔寨文明。[1] 他们在与大自然的斗争中，逐渐形成了部落，积累捕食经验，具有高度发达的狩猎策略，学会制造并使用工具，掌握了航海技术，有了初步的信仰，并具有文化、符号和葬礼习俗。[2] 这个时期是柬埔寨文明的孕育期。

（二）扶南时期

1—6 世纪，中国史书中记载的该区域国名为扶南。生活在湄公河下游河谷和三角洲地区的高棉人逐渐发展壮大，形成了相对稳定、有组织的社会群体，公元 68 年，扶南建国。相传，柬埔寨女王柳叶与印度南部的婆罗门贵族混填结为连理，柬埔寨本土文化与印度文化也因此相互融合，这为扶南时期柬埔寨地区的发展注入了新鲜的血液，给文化发展带来了积极的影响。建国后的扶南逐渐成为东南亚大陆强国，航海和贸易均属于领先地

---

[1] 钟楠. 柬埔寨文化概论 [M]. 广州：世界图书出版公司，2014：25.

[2] CHANDLER D. A history of Cambodia[M]. 4th ed. Boulder: Westview Press, 2008: 27-30.

位。[1] 勤劳、智慧的扶南人创造了比较发达的物质文明和较为先进的文化。根据相关学者的研究，中国古籍对扶南时期文化有很高的评价，《南齐书》称"扶南人黔惠知巧"，左思《三都赋》注，引《异物志》"扶南持有才巧"。早期的扶南王国便有较为发达的农业和比较先进的冶金术与手工业。造船技术先进，能建造宽六七尺，长八九丈的大船，用于远洋航行。随着生产和技术的发展，扶南人不仅有了自己的语言，还创造了本民族的文字，现代柬埔寨语大约在 7 世纪时便基本定型了。[2]

扶南时期是印度文化的初传阶段，高棉人积极吸收印度文化的精髓，逐步建立起具有自身特色的文化体系。首先，印度的君主制度在当地得到推行，阶级观念形成；其次，最初的泛灵崇拜、祖先崇拜逐步发展为宗教崇拜，印度婆罗门教盛行。受婆罗门教文化的影响，梵语成为当时该地区上层阶级和宗教服务的语言。人们用梵语记录重要事件，文字、文学渐渐发展。古代印度的两大史诗《罗摩衍那》和《摩诃婆罗多》也在该地区的民间广为流传，当地逐渐有了民歌民谣和民间传说。虽然目前没有发现扶南时期的成文作品，但有少量残缺不全的碑文留存至今，成为人们研究古高棉文化的史料。在技艺方面，雕刻塑像技术具有了较高的水平，当地人创造了许多婆罗门风格的艺术品。代表性的艺术遗迹有奥埃奥的建筑，普侬达山的毗湿奴、诃里诃罗造像。

扶南时期婆罗门教兴盛的同时，佛教也在当地流行。《南齐书》记载："（扶南）佛法兴显，众僧殷集，法事日盛。"[3] 陈显泗所著《柬埔寨两千年史》记载，历任扶南王多次向中国进贡珊瑚佛像、白檀佛像、一丈二尺的佛发等贡品。[4] 在南北朝时期，扶南高僧僧伽婆罗、曼陀罗、拘那罗陀、须菩提先后到中国传经弘法，翻译佛经。

[1] CHANDLER D. A history of Cambodia [M]. 4th ed. Boulder: Westview Press, 2008: 27-30.

[2] 陈显泗. 光辉灿烂的柬埔寨古文明——吴哥文化 [J]. 世界历史，1978（1）：35-43.

[3] 吕昂. "一带一路"与中泰佛教文化的交流互鉴 [J]. 地域文化研究，2022（2）：78-83.

[4] 陈显泗. 柬埔寨两千年史 [M]. 郑州：中州古籍出版社，1990.

扶南时期，历任君主对柬埔寨宗教信仰与发展持开放包容的态度，这使得婆罗门教与佛教自由发展，呈现出不同的兴盛状态，也使得柬埔寨能从不同的教义中吸收文化养分，融入自身文化之中，奠定了柬埔寨文化兴盛的基石。

（三）真腊时期

6 世纪中叶，处在湄公河内陆地区的扶南属国真腊快速崛起。7 世纪，扶南被真腊征服。真腊国王在湄公河支流建立了一座以自己名字命名的大城：伊奢那城（位于今洞里萨湖附近的磅同），将之作为真腊帝国的王都。这座王都是当时东南亚地区最繁华的都城。真腊帝国建立之后，高棉民族的势力逐步开始向周边地区扩张，为后来高棉吴哥王朝的建立奠定了基础。但是 8 世纪初，已经大一统的真腊因王位争夺发生了动乱，最终分裂为南北真腊，形成了"北多山阜，号陆真腊半；南际海，饶陂泽，号水真腊半"的割据局面。[1] 陆真腊位于今老挝境内，北方多山；水真腊位居中南半岛海运要道。8 世纪下半叶，濒海的水真腊遭受爪哇夏连特拉王朝的入侵，国王被杀，王位继承者阇耶跋摩二世被俘到爪哇做人质。约在 802 年，阇耶跋摩二世从爪哇回国，夺回王位。

（四）吴哥时期

802 年，阇耶跋摩二世统一水陆真腊，后迁都到洞里萨湖以北的吴哥荔枝山，柬埔寨历史上最辉煌的吴哥王朝逐步建立。苏利耶跋摩二世在位时，吴哥王朝国势强盛，疆域辽阔，建筑宏伟，经济繁荣，文化蓬勃发展。

---

[1] 顾佳赟. 东西融通中的柬埔寨文明 [EB/OL]. [2022-03-30]. https://news.gmw.cn/2019-05/13/content_32825920.htm.

1181 年，在遭受内忧外患之际，吴哥王朝力挽狂澜，重建了国都，随后，吴哥王朝进入鼎盛时期。吴哥城大力发展灌溉工程，建设了很多医院、图书馆、供朝圣者住的房舍，[1] 是柬埔寨历史上最大、最繁荣、最文明的高棉王朝王家中心。阇耶跋摩七世偏好大乘佛教，但依然延续了宗教宽容的政策。婆罗门教祭仪继续被尊重，传统的神王哲学被创新为佛王哲学。国王在巴戎寺中以佛陀像代替了林伽石。四面佛塔是其中的艺术经典。塔上四张面孔均以国王本人为原型，同时象征着婆罗门教中的湿婆神与大乘佛教中的观世音。阇耶跋摩七世是现代柬埔寨人心目中最伟大的古代国王。他代表了勇武、智慧，以及艺术美学的巅峰。他的造像被摆放在大学门口，激励学生精进学业，还被用于文化和艺术部的徽标，彰显柬埔寨的灿烂文明。[2]

13 世纪，邻国暹罗和占婆逐渐强大，加之吴哥以举国之力长期进行寺庙建设耗尽了资源，人民被迫劳动，怨声载道，吴哥王朝国力日衰。1432 年，国王蓬黑阿亚特决定弃城南迁，定都今金边附近，吴哥渐被遗弃。随后，真腊陷入了长期混战。

吴哥王朝是柬埔寨历史上最辉煌灿烂的时代，它所建立的封建统治体制和机构在宗教的扶持下稳固发展，政治经济文化思想达到空前统一。吴哥国王以"神王"自居，借"王权神授"来治理国家，统一思想，利用群众的信仰来满足自己政治上的需要。[3] 吴哥古建筑群中现存的六百余座寺庙大多是历任国王为自己建造的婆罗门教或佛教庙宇。国王在世时，寺庙放置象征国王的林伽以示神性，国王去世后，这些寺庙便成为其陵墓神殿，供人供奉朝拜，以此显示国王是整个世界的王和神，对人民有绝对的统治权。

---

[1] 周中坚. 柬埔寨 [J]. 印支研究，1982（6）：47-52.

[2] 顾佳赟. 东西融通中的柬埔寨文明 [EB/OL]. [2022-03-30]. https://news.gmw.cn/2019-05/13/content_32825920.htm.

[3] 李群. 外来影响与柬埔寨民族文化的形成 [J]. 长沙电力学院学报（社会科学版），1999（1）：83-87.

宗教信仰对柬埔寨文学艺术产生了重要的影响。小乘佛教提倡简朴和克己，迎合了人们解脱沉重负担的愿望而得以迅速传播，并作为占统治地位的宗教确立下来。小乘佛教宣扬平等，颂扬个人成就、功德和轮回，主张通过个人的努力自我救赎，寻求实现灵魂的和平与安宁。[1] 小乘佛教的基本教义和主张已经内化为柬埔寨人性格和人生哲学中的重要组成部分，他们安宁平和、淡泊名利、坚韧宽容、顺从天命，这让他们在吴哥文明没落时，面对战争、侵略、欺凌、压榨时能够找到内心的些许平静。

吴哥时期，文学空前繁荣。阇耶跋摩七世时期有专门的大学向柬埔寨民众传授文学和技术方面的高深知识。[2] 文学作品主要以诗歌形式刻在石碑上，内容以歌颂帝王功业、记录寺院建造、描写出征打仗等为主，这些诗文韵律严谨，具有浓郁的民族特色，是古典诗歌的典范。[3] 这一时期最值得一提的作品当属长篇神话诗歌的《罗摩赞》。《罗摩赞》仿印度史诗《罗摩衍那》创作，并融入了本国神话传说。《罗摩赞》用高棉语书写，讲述了神通广大的猴王哈努曼与魔王阿苏搏斗的故事。根据《罗摩赞》，人们创作了剧本，并据此衍生出许多生动的词汇和优美的语句。《罗摩赞》被传唱千年，历久弥新。

吴哥的舞蹈艺术是柬埔寨的瑰宝，其舞姿典雅、动作优美。舞者在一颦一笑、举手投足之间表达人物的痛苦、喜悦、愤怒、哀伤。从吴哥寺的壁画可以看出，当时高棉人在舞蹈和舞剧方面已有相当高的造诣，舞蹈和舞剧是王宫和宗教祭祀活动的重要组成部分。

这一时期的柬埔寨文化也深受印度文化的影响，但柬埔寨在深度融合印度文化后，进行"青出于蓝而胜于蓝"的再创造。令世人震惊的吴哥文化体现了柬埔寨人民高超的智慧，也使得柬埔寨文明在历史长河中得以延

---

[1] ABDULGAFFAR P-M. Understanding the Khmer: sociological-cultural observations[J]. Asian survey, 1991 (5): 442-455.

[2] CHANDLER D. A history of Cambodia [M]. 4th ed. Boulder: Westview Press, 2008.

[3] 吴哥时期的著名诗人有迪华格拉、雅德哈玛拉皮瓦、西威桑姆、因陀罗黛维王妃等。

续发扬，熠熠生辉。

（五）柬埔寨黑暗时代

1431—1595 年，高棉社会经济不断衰落，柬埔寨王室放弃都城吴哥，先后以金边和洛韦为都城。1595 年，暹罗攻破洛韦，王室迁都乌栋。1863 年，沦为法属殖民地。这段时间被历史学家们称为柬埔寨的"黑暗时代"。在这段时期，柬埔寨国内纷争不断，并沦为暹罗与越南斗争的战场。在此期间，高棉农民、工匠、学者、佛教僧人被强行输出，造成了柬埔寨人才大量流失，[1] 国家的经济和社会发展遭遇重挫，灿烂夺目的文化被肆意掠夺破坏。暹罗和越南妄图消灭高棉民众的民族文化意识，打压柬埔寨传统文化，强行推广本国文化，使柬埔寨文化发展异常艰难。

同时，葡萄牙、西班牙、荷兰、英国等国都试图在柬埔寨建立自己的势力范围，尝试将基督教传入柬埔寨，妄图颠覆高棉民族的宗教信仰，[2] 并大肆破坏古迹。例如，法军搬走了巨大、完整的石桥护栏神像、斑蒂丝蕾玫瑰石精细的门楣装饰、阇耶跋摩七世和皇后的闭目沉思石雕等，这些文物后来出现在巴黎居美东方美术馆。[3]

曾经的吴哥古迹能够重见天日只因中国元代周达观所著的《真腊风土记》。它被收藏在我国的《四库全书》中，是世界现存的唯一写成于真腊时代的柬埔寨纪实古籍。[4] 有学者指出："13 世纪的吴哥是吴哥历史上有年份可据的碑文记载最少的时期之一"。[5] 由此可见，"黑暗时代"的柬埔寨政治动乱、外敌入侵，对吴哥历史文化造成毁灭性破坏，使柬埔寨失去了大量

[1] 钟楠. 柬埔寨文化概论 [M]. 广州：世界图书出版公司，2014：57.

[2] 陈显泗. 柬埔寨两千年史 [M]. 郑州：中州古籍出版社，1990.

[3] 蒋勋. 吴哥之美 [M]. 长沙：湖南美术出版社，2014：7.

[4] 蒋勋. 吴哥之美 [M]. 长沙：湖南美术出版社，2014：7.

[5] CHANDLER D. A history of Cambodia[M]. 4th ed. Boulder: Westview Press, 2008: 84.

珍贵的文献与文物。[1] 但这一时期仍然有被部分保留下来的石碑铭文、贝叶经及一些"解经文学"。[2]

（六）法国殖民时期

面对暹罗和越南的威胁，柬埔寨选择接受法国的"保护"。[3] 1863 年，《法柬条约》签订，在长达 90 年的殖民统治期间（其间遭日军侵略占领），柬埔寨人民经历了法国殖民统治者残酷的政治压迫、经济掠夺和文化渗透。法国大力推行同化政策和愚民政策，进行"文化殖民"，使原本遭受破坏的柬埔寨文化更加风雨飘摇。

一方面，天主教传播被写入《法柬条约》，以"宗教文化的传播"实现了其对柬埔寨的"文化殖民"和全面控制。[4] 殖民统治者鼓励传教士深入农村等偏远地区进行传教活动。另一方面，殖民者强行把法语作为官方语言，确立法语在柬埔寨社会中的主导地位，以传播西方文化、艺术，妄图以法国文化阻断柬埔寨文化血脉，从精神层面控制柬埔寨。法语被视为一种身份象征，能够讲法语的柬埔寨人会被给予一定的社会地位，而讲高棉语的普通人则地位低下，被人轻视。这种诱导使得高棉子弟只熟悉法国的语言、文字，而不想学习自己民族的语言文化。正如柬埔寨学者宋修所说，"法国殖民统治者的做法让许多柬埔寨人对自己民族的语言产生了厌恶感，而这种厌恶不仅仅停留在表面，是深入骨髓的。"[5] 几代高棉子弟的民族意识从整

[1] 钟楠. 柬埔寨文化概论 [M]. 广州：世界图书出版公司，2014：57.

[2] 小乘佛教经典用巴利文记载，只有少数人能读懂，为了普及，作家把它们翻译成高棉文，因此人们称它们为"解经文学"。

[3] 李轩志. 14—19 世纪柬埔寨与周边国家关系研究——基于《柬埔寨王家编年史》的视角 [D]. 北京：北京外国语大学，2017.

[4] 李轩志. 论法国殖民统治对柬埔寨社会文化的影响 [J]. 东方论坛，2013（5）：48-51.

[5] 李轩志. 论法国殖民统治对柬埔寨社会文化的影响 [J]. 东方论坛，2013（5）：48-51.

体上消亡了。[1]

尽管法国当局极力推行法国文化，不断压制和扼杀柬埔寨民族文学，但柬埔寨不少有识之士奋起反抗，寻求民族解放和国家独立。法殖民统治者惧怕进步文学的宣传作用，对柬埔寨文化和出版事业进行极其苛刻的审查和压制，文学作品若想直接呼吁民族觉醒、民族独立是不现实的，只能通过其他表现形式间接地体现。[2] 这一时期的文学作品有三个特点。第一，诗歌宗教色彩浓厚，因果报应仍是一个盛行不衰的主题。很多诗人都是虔诚的佛教徒，因而文学作品中所塑造的人物也大都具有宗教色彩。[3] 第二，由于西方文化的渗入，柬埔寨开始出现使用白话文创作和反映现实生活的现代小说作品。[4] 第三，由于法国的文化管控，作者被迫以隐晦的方式进行创作，主要描写纯洁美好、坚贞不渝的爱情故事，塑造了许多形象鲜明、性格饱满的人物（也有部分作品以凄惨的爱情故事隐射柬埔寨被他国驱使和奴役的痛苦经历）。[5] 法国殖民时期较有影响力的作品有：富有因果报应佛教思想的长篇叙事诗《玛拉娜密达的故事》《斯罗多杰的故事》，这两部作品在柬埔寨民间流传甚广；素达波雷杰恩的古体诗代表作《告别吴哥》《醒世恒言》，这两部作品描写细腻，形象生动，富有哲理；韩延的《寓言故事集》、根万萨的《少女的心》、苗侬的《阇耶跋摩七世》等现代诗歌；涅·泰姆的《珠山玫瑰》和林根的《苏帕特》，这两部爱情小说产生于柬埔寨现代文学运动之初，作者通过人物塑造和大众化故事情节，反映了柬埔寨人民自强不息的奋斗精神，被视为高棉文学运动的优秀之作。柬埔寨独立后，这两部小说的节选曾被收入中学课本。这一时期，众多优秀小说在柬埔寨陆续问世，如涅·泰姆的《爱情之魔》、金哈的《洞里萨湖的眼泪》、

---

[1] 钟楠. 柬埔寨文化概论 [M]. 广州：世界图书出版公司，2014：59.

[2] 赵申洪. 小说《枯萎的花》之社会历史分析 [J]. 红河学院学报，2016，14（4）：69-72.

[3] 邓淑碧. 柬埔寨文学 [J]. 国外文学，1990（4）：89-108.

[4] 李轩志. 论法国殖民统治对柬埔寨社会文化的影响 [J]. 东方论坛，2013（5）：48-51.

[5] 赵申洪. 小说《枯萎的花》之社会历史分析 [J]. 红河学院学报，2016（4）：69-72.

笃森亨的《海淀白马》、努·冈的《冬青》、色特的《挚友》、努·哈奇的
《枯萎的花》等，有力地推动了柬埔寨文学的发展。

殖民统治之前，柬埔寨没有印刷厂，更没有用本地文字编写的正规出
版物。这一时期，新闻出版业兴起，这是近代柬埔寨文化变迁的重要标志
之一，被柬埔寨学者誉为"现代文化发展动力之代表"。[1] 19 世纪末，法国
将现代印刷术带到柬埔寨。20 世纪初，柬埔寨新闻出版业取得了一定的发
展，各类出版物陆续出版发行。1911 年，第一份法文报纸在柬埔寨出版；
1925 年，《法柬小学教育》杂志创刊。1926 年创办的《柬埔寨太阳》是柬
埔寨出版的第一本高棉文期刊，初期主要介绍柬埔寨历史文化和佛教研究，
不涉及政治话题。20 世纪 40 年代，该刊通过小故事和格言表达对当时社
会政治经济状况的不满。1954 年，该刊增加了国内时事新闻栏目，报道一些
国内发生的事件。《柬埔寨太阳》在后来的政治动荡中几经停刊复刊，在柬
埔寨人文领域具有一定的影响力。该刊于 21 世纪初停办。[2] 1946 年发行的
《教师》杂志和 1952 年发行的《祖国报》也是这一时期柬埔寨有代表性的新
闻出版物。这一时期柬埔寨新闻出版行业兴起，但出版发行的刊物数量不
多，且绝大多数以法文为主。到殖民统治后期，柬埔寨铅字排版印刷研制
成功，以高棉语创作并印刷出版的一部分书籍和报刊相继问世，为其独立
后民族文化的复兴奠定了基础。[3]

长达九十年的殖民统治给柬埔寨文化发展打上了深深的殖民主义烙印，
虽然西方文化在某些方面给柬埔寨带来了冲击与变革，但其在文化领域大
肆推行的奴化政策严重扼杀了柬埔寨民众的文化自信，遏制了柬埔寨民族
文化的传承延续。

[1] 李轩志. 论法国殖民统治对柬埔寨社会文化的影响 [J]. 东方论坛，2013（5）：48-51.

[2] 陈力丹、李熠祺. 历经劫难而重生的柬埔寨新闻传播业 [J]. 新闻界，2015（21）：54-61.

[3] 李轩志. 论法国殖民统治对柬埔寨社会文化的影响 [J]. 东方论坛，2013（5）：48-51.

二、独立后的文化

1953 年，柬埔寨在西哈努克的领导下摆脱了法国的殖民统治，实现了民族独立，迎来了和平发展时期。然而，从 20 世纪 70 年代初开始，柬埔寨经历了近三十年的内乱与战争，外敌入侵，政权更替，战火燃烧，民生凋敝，满目疮痍。西哈努克执政时期尚未完全恢复元气的文化遭到了釜底抽薪式的毁灭，典籍被毁、寺庙被拆、僧侣被捕。[1] 1993 年，柬埔寨恢复君主立宪制，举行第一届全国大选，成立王国联合政府和国会，政局日趋稳定，国家和社会发展逐渐步入正轨。1998 年，联合国同意恢复柬埔寨的席位；1999 年，柬埔寨加入东南亚国家联盟，这标志着在回归国际社会的道路上柬埔寨走出了关键性的两步。[2] 进入 21 世纪之后，柬埔寨的经济环境和建设秩序逐渐恢复，文化逐步复苏。

柬埔寨独立后，西哈努克致力于民族文化的复兴和发展，组织专家学者在全国范围内收集柬埔寨民间文学作品、民间舞蹈、传统宗教仪式、传统节日资料，整理后出版发行，对民族文化的继承发展起到了积极作用。在西哈努克执政时期，柬埔寨电影产业迎来了发展的黄金时代。1960—1975 年，柬埔寨涌现出了很多优秀的导演，制作了近 400 部电影，首都金边出现了至少30 家电影院。[3] 这些电影对高棉文化的寻根与再造，发挥了重要功能。

独立后，柬埔寨政府重新确定了高棉语的国语地位，倡导人民使用高棉文字与语言。2011 年，柬埔寨国家高棉语理事会成立，[4] 这是柬埔寨管理语言事务的最高机构。2019 年，《国家高棉语政策》草案通过，[5] 旨在促进

---

[1] 钟楠. 柬埔寨文化概论 [M]. 广州：世界图书出版公司，2014：60.

[2] 周中坚. 红色高棉的灭亡和柬埔寨的复兴 [J]. 东南亚纵横，2002（2）：35-39.

[3] 司达，赖思含. 柬埔寨电影史：研究框架与主要议题 [J]. 电影艺术，2022（1）：122-130.

[4] 国家高棉语理事会（National Council of Khmer Language）前身是 2007 年成立的国家高棉语委员会（National Commission of Khmer Language），是柬埔寨管理语言事务的最高机构，现隶属于柬埔寨王家科学院（The Royal Academy of Cambodia）（部分文献中译为柬埔寨皇家科学院或柬埔寨王家研究院，本文除图一致处保留原文献译法外，其他处均使用"王家科学院"的译法）。

[5] 资料来源于柬埔寨国家高棉语理事会官网。

高棉语的标准化、规范化和现代化。这是自 1993 年恢复君主立宪制以来，柬埔寨首次将官方语言高棉语的保护与发展上升到国家政策层面，反映出政府提升高棉语地位、增强民族认同以及在语言文字领域实施改革的决心。[1] 高棉语理事会修订了柬埔寨佛学院 1967 年出版的《高棉语大词典》,[2] 发布了 11 期年报、11 部术语词典。[3]

进入 21 世纪后，柬埔寨的新闻广播业得到了较大发展。国家电视台、首都电视台、军队电视台、私人电视台，以及《柬埔寨之光报》《人民报》《柬埔寨日报》《金边邮报》《华商日报》等报刊有力地推动了柬埔寨新闻事业的发展和繁荣。[4] 目前，柬埔寨图书馆事业正处于起步阶段。2006 年，国家图书馆内设立了公共图书馆，以满足公众的需要，同时为地方各省设立公共图书馆提供了范例。据统计，到 2011 年 3 月，全国共设有各类图书馆（室）4 181 家（个），但其中绝大多数仅为一间图书室。由于财力有限，近年来，柬埔寨政府将主要精力放在农村和边远地区中小学图书馆的建设工作上，尚未形成较完整的公共图书馆体系，公众服务的职能主要由国家图书馆履行。[5]

第二节　风土人情

柬埔寨历史悠久，在漫长的发展过程中形成了独具特色的民族文化，本节从饮食、服饰、节庆等方面介绍柬埔寨的传统风俗。

---

[1] 吴军. 柬埔寨《国家高棉语政策》[M]// 国家语言文字工作委员会. 世界语言生活状况报告. 北京：商务印书馆，2021：10-16.

[2]《高棉语大词典》由柬埔寨现代语言学家、文学家、教育家尊纳僧王自 1915 年开始主持编纂，1967 年正式出版，是目前柬埔寨国内最权威的词典。

[3] 资料来源于柬埔寨最新新闻（Fresh News）官网。

[4] 朱慧芬. 柬埔寨广播事业的发展历史和现状 [J]. 东南亚纵横，2008（3）：24-26.

[5] 孙莹莹、朱立伟. 柬埔寨国家图书馆（NLC）述略 [J]. 新世纪图书馆，2016（8）：87-90.

一、饮食

柬埔寨土地肥沃、降水充沛、日照充分，适合热带经济作物生长。湄公河和洞里萨河不仅灌溉了河流沿岸的农田，还为柬埔寨人民提供了品种丰富的水产品。

大米是柬埔寨人的主食，养育了千千万万的柬埔寨人民。柬埔寨稻谷种植历史悠久，充足的光照、湄公河和洞里萨湖沿岸肥沃的土地、充沛的水源，以及几乎没有工业污染且不使用农药的种植条件，使柬埔寨大米粒长油润，口感香糯。马德望省是柬埔寨的主要稻谷产地，出产全国最好的大米。

鱼虾是柬埔寨人的主要副食。洞里萨湖是柬埔寨最大的湖泊，也是东南亚地区最大的天然淡水湖，因盛产鱼类，被柬埔寨人誉为"鱼湖"。柬埔寨人会把新鲜的活鱼制成糟鱼、咸鱼、鱼干、鱼酱、鱼露等，这些鱼制品是高棉饮食的特色组成部分。柬埔寨三大特色海鲜美食——大头虾、笋壳鱼、软壳蟹——肉质鲜美、营养丰富。大头虾以虾黄肥美、肉质弹牙而闻名。每年大头虾成群结队地沿河游到柬越边境产卵后，再游回柬埔寨境内，根据这一生活习性，当地人把大头虾誉为"爱国虾"。[1]

柬埔寨盛产天然香料，如贡布省的胡椒、马德望省的黄姜等，都是柬埔寨特色美食的增味剂。由丁香、肉桂、八角、豆蔻、生姜、姜黄、高良姜、大蒜、青葱、柠檬草、香菜、青柠叶等混合捣碎制成的"柬埔寨的咖喱"是柬埔寨传统美食不可或缺的调味料，香料配比不同，"柬埔寨的咖喱"会呈现出不同的颜色和口味。柬埔寨总体口味偏温和，不像泰国菜那么辛辣，也没有越南菜那么甜腻，具有高棉民族特色。

柬埔寨美食有柬埔寨粿条、阿莫克鱼等。柬埔寨粿条由细米粉制成，口感细腻、爽滑可口。汤料由椰子沫、花生、虾沫、鱼沫加上黄咖喱熬制

---

[1] 钟楠. 柬埔寨文化概论 [M]. 广州：世界图书出版公司，2014：213.

而成，口味特别，荤菜可以选择牛肉、鸡肉或海鲜，再加入生菜、青菜、豆芽等蔬菜即可食用，食客还可以根据自己的口味添加咖喱、柠檬汁、辣椒等调味品。阿莫克鱼是一道柬埔寨名菜。淡水鱼去骨切片，然后和椰奶、鸡蛋、鱼露和棕榈糖一起搅拌，再添加由姜黄、青柠、柠檬草、青葱等做成的高棉咖喱酱，最后放在香蕉叶制作的碗里蒸熟，一道风味独特的阿莫克鱼便做好了。柬埔寨小吃也是不得不提的美味。虽然油炸昆虫会让游客毛骨悚然，但它却是柬埔寨街头大受欢迎的小吃之一。如果你有足够的勇气，那么可以尝尝油炸蜘蛛、蚕蛹、蝗虫、龙虱（水蟑螂）、蝎子等，这些油炸昆虫营养丰富、口感香脆，蘸上椒盐，挤上柠檬汁，别有一番风味。

柬埔寨的椰子、香蕉、菠萝、牛奶果、杧果、柠檬、火龙果等水果肉质鲜美、果肥汁甜、浓郁醇厚。柬埔寨最出名的水果是贡布榴梿，和大名鼎鼎的马来西亚猫山王榴梿同宗。柬埔寨香蕉产量很大，常见的有较为短小的贡蕉、芭蕉，还有皮薄味甜的鸡蛋蕉。鸡蛋蕉是柬埔寨的国果，柬埔寨人常在各种仪式上将它作为献给神灵的祭品。柬埔寨香蕉吃法众多，如烤香蕉、香蕉粽、香蕉羹等。

受社会生活的变化和外来饮食的影响，柬埔寨的饮食方式菜肴品种也渐趋多样。上层人士和城镇居民大多喜爱吃中国菜、越南菜、泰国菜和西式菜肴。高品质的食材、丰富的香料和颇有特色的烹饪手法，加上来自中国、越南、泰国、印度等地的"异国元素"，共同形成了柬埔寨美食与众不同的味道。

二、服饰

柬埔寨传统服饰是柬埔寨历史文化发展的重要载体。从蒙昧时期用兽皮、树叶遮身蔽体，进化到文明时代用麻棉丝帛穿着搭配，服饰的作用从起初的遮羞护体，逐渐演变出装饰功能。

布裙是柬埔寨的民族服装。布裙可以追溯至扶南时期。混填称王后，教柳叶"穿布贯头"，"穿布贯头"很快在扶南传播开，成为当地女性的着衣习惯。[1]东吴王朝使臣康泰、朱应出使到扶南王朝，发现其"国人犹裸，唯妇人著贯头。"康泰、朱应谓曰："国中实佳，但人褒露可怪耳。"扶南王采纳了中国使者"男子著横幅"的建议。3世纪的"横幅"如今已经演化为水布，这就是沿用至今的柬埔寨"干曼"布裙。[2]布裙因颜色、造型、尺寸等分为不同种类，典型的布裙分为纱笼、围裙和筒裙，最具代表性的有插尾裙、丝织帛裙、凌布裙、仙女裙、垂裙等。插尾裙高贵典雅，曾是上层社会妇女的首选，20世纪后，人们不再分等级，插尾裙成为重大庆典、婚礼等正式场合的礼服。男女都可以穿插尾裙，穿着时，人们先将布裙围在腰间，上面两角对齐拉紧然后在腰部把裙掖紧，用金属腰带系上。垂裙是一种日常穿着的、男女适宜的长裙。垂裙细而柔软，穿着时通常打一个结，使其类似插尾裙。柬埔寨的上衣通常称作"袄乌"。男子上身着无领直扣开襟衫，式样与中国对襟短衫相似；女子着紧身开襟齐腰短上衣，下身着纱笼或筒裙，通常不戴帽子。

古代柬埔寨人用星宿和颜色表示一周中的每一天：星期日的代表是太阳，使用红色；星期一的代表是月亮，使用橙色；星期二的代表是火星，使用紫色；星期三的代表是水星，使用绿色；星期四的代表是木星，使用灰白色；星期五的代表是金星，使用蓝色；星期六的代表是土星，使用栗色。从周一到周日，人们会更换衣服的颜色，但由于白色在柬埔寨象征死亡，因此星期四改穿绿色服饰。如今，柬埔寨人只有在举行宗教仪式和庆典时遵照这种习俗。

[1] 顾佳赟. 东西融通中的柬埔寨文明 [EB/OL]. [2022-03-30]. https://news.gmw.cn/2019-05/13/content_32825920. htm.

[2] 陆岭，周绍泉. 中国古籍中有关柬埔寨资料汇编 [M]. 北京：中华书局，1986：16.

独立后，柬埔寨民众开始穿鞋，逐渐改变了赤脚行走的习惯。普通百姓，无论男女老少，在各种场合都经常穿拖鞋。政府官员、有社会地位的人和富人则爱穿皮鞋。女子通常穿凉鞋或高跟鞋。而在农村，人们还是喜欢打赤脚。此外，僧侣认为佛堂和禅房是圣洁之地，除僧侣以外任何人都无权穿鞋入内，因此信徒进入之前，要把鞋脱在外面的台阶上。

柬埔寨传统服饰是当地女性必备的日常服饰之一，在柬埔寨，每位女性从小就有一套传统礼服，她们会在婚丧嫁娶、家庭聚会、毕业典礼、春节等重要的时刻穿着柬埔寨传统礼服。随着柬埔寨社会经济文化的发展和外来文化的影响，柬埔寨传统服饰得到改良，在日常生活中，人们喜欢穿各式的衬衣、T恤、西装、运动服。

三、节庆

柬埔寨节日众多，每逢重要节庆日都会有较为隆重的庆典仪式，主要节假日见表 2.1 所示。[1]

表 2.1 柬埔寨节假日

节假日名称	日期
柬埔寨佛历新年（宋干节）	公历 4 月 13—15 日
御耕节	佛历六月下弦四日
亡人节	佛历十月下弦一至十五日
送水节（龙舟节）	公历 11 月 13—15 日

[1] 钟楠. 柬埔寨文化概论 [M]. 广州：世界图书出版公司，2014：195-196.

节假日名称	日期
风筝节	佛历一月上弦十五日
麦加宝蕉节	佛历三月上弦十五日
比萨宝蕉节（维莎迦节）	佛历六月上弦十五日
加顶节	佛历十一月下弦一日至十二月上弦十五日
元旦	公历1月1日
胜利纪念日	公历1月7日
国际妇女节	公历3月8日
国际劳动节	公历5月1日
国际儿童节	公历6月1日
独立节（国庆节）	公历11月9日
立宪日	公历9月24日
植树节	公历7月9日
诺罗敦·西哈莫尼国王诞辰	公历5月14日
诺罗敦·莫尼列太后诞辰	公历6月18日
诺罗敦·西哈努克国王登基纪念日	公历10月29日
诺罗敦·西哈努克太皇诞辰	公历10月31日

柬埔寨新年是一年当中最隆重、最热闹的传统节日。释迦牟尼的诞辰（佛历五月十三，公历4月13—15日）为一年之始。柬埔寨人扫屋除尘，朝寺进香，互赠礼物。全国上下充满了欢乐、热闹、喜庆的节日气氛。大街小巷张灯结彩，佛寺挂起佛教的五色旗，搭建彩棚迎接百姓。百姓们穿上节日的盛装，佩戴上各种各样的首饰，携带香烛、鲜花（特别是象征佛教的莲花和茉莉花），提上饭盒和水果前往寺庙礼佛斋僧，参加堆沙塔和浴佛仪式，祈求来年幸福安康，吉祥如意。除了寺庙和民间举行的各种传统活

动之外，各级政府也会举行迎神仪式来祈福，并表演祝福舞等传统舞蹈。国王会在金边王宫举行隆重的新年浴佛仪式，仪式通常在新岁这一天举行，僧王、高僧、王族、政府高官、各国使节等贵宾受邀参加。在仪式上，国王在王宫正殿前用事先准备好的香水和供品敬拜佛像和祖先，祈祷新的一年国泰民安、国运昌盛，人民新年平安吉祥，富足安康。

御耕节是柬埔寨王室举行的农耕纪念仪式，在每年佛历六月下弦四日（一般在公历 5 月）举行，如今已发展成全国性的节日。柬埔寨是传统的农业国家，自古以来都非常重视农业生产，御耕节展现了柬埔寨历史悠久的农业文化。御耕节仪式前，祭司们要祭奠土地神，并在圣田[1]里举行祭火仪式。仪式上，由王族担任的"御耕王"扶着精心挑选的神牛所拉的犁走在正中央，两名政府官员扶着另外两张犁跟在后面。由王族或政府官员女眷担任的麦霍仙女和一群身穿传统民族服饰的少女向左右撒播最优良的稻种，祈求新的一年风调雨顺，五谷丰登，国泰民安。国王、文武百官、各国驻柬埔寨使节、外宾应邀在检阅台就座，百姓们簇拥在圣田周围，感受着节日的浓厚气息。为了庆祝御耕节，柬埔寨全国放假一天。

亡人节在佛历十月下弦一至十五日举行，是柬埔寨人民祭拜先人、追思亡灵的传统节日，也是柬埔寨最重要的节日之一。亡人节具有浓郁的佛教色彩，按照佛教的仪式举行。善男信女前往寺庙，将糯米饭团、糕点、水果和蜡烛放入银盘中，然后跪坐在大堂里，双手合十聆听僧侣们吟诵。柬埔寨王室举行的亡人节仪式比民间更加隆重。亡人节上，高僧们前往王宫为已故国王诵经，王族成员与文武官员出席诵经仪式，祈求先王保佑国王和柬埔寨人民生活幸福。

送水节时，柬埔寨人民进行赛龙舟、放河灯、拜月、吃扁米等仪式。每年 5 月，柬埔寨迎来雨季，湄公河的河水沿着洞里萨河灌入洞里萨湖，使

---

[1] "圣田"即王家田，位于金边王宫的北面，国家博物馆的东面。

洞里萨湖成为巨大的天然鱼仓。11月旱季来临时，洞里萨湖湖水回流入湄公河，柬埔寨进入捕鱼季节。同时，两条河流还为沿岸的庄稼提供了丰沛的灌溉水源。11月水稻成熟，农民们开始准备收割稻谷。柬埔寨人民通过送水节来表达对母亲河的感恩，庆祝收获的季节。

柬埔寨政府非常重视这一节日，每年成立专门的庆典委员会来组织盛大的欢庆活动。柬埔寨国王、政府高官、各国外交使节都会出席送水节欢庆仪式。节日第一天，金边会举行龙舟赛的开幕式，各地的优胜队都前来参加初赛。夜幕降临后，洞里萨河上会举行游灯船和放水灯活动。第二天，白天举行划龙舟半决赛；晚上举行祭拜月神仪式和吃扁米活动。第三天是最重要的一天，白天举行龙舟决赛，国王或国家领导人会为冠军颁奖；晚上继续拜月、吃扁米、游灯船、放河灯，节日的气氛推向高潮。节日期间，全国各地成千上万的人们都涌入金边，河两岸人潮如织，摩肩接踵，大街小巷洋溢着欢乐祥和的景象。

麦加宝蕉节是纪念僧伽成立的节日，在每年佛历三月十五日举行。近年来，柬埔寨政府通常在乌栋山举行麦加宝蕉节。柬埔寨两派僧王、政府官员率领僧侣、佛教徒手捧圣物和贡品，围着舍利塔绕行三圈，并向舍利塔上香敬拜，祈求平安吉祥，诸事如意。之后由僧侣们诵祈福经，祈求佛祖保佑国泰民安、风调雨顺。

比萨宝蕉节是纪念释迦牟尼诞生、成道、涅槃的重大节日。1999年12月，联合国大会采纳了由斯里兰卡等16国提出的倡议，将佛历六月上弦十五日确定为联合国卫塞日（United Nations Day of Vesak），倡议每年举行全球性庆祝活动，并借以发扬佛陀慈悲平等之教义，倡导世界和平。

柬埔寨官方的比萨宝蕉节庆祝活动通常在乌栋山举行。国王或政府官员参加敬拜仪式后聆听高僧诵经，并向僧侣们布施，祈求国泰民安、风调雨顺、吉祥如意。众多年轻人会选择在比萨宝蕉节来临之际落发为僧，以报答父母的养育之恩和学习佛教教义。

四、文化遗产

截至 2021 年，吴哥窟、柏威夏寺、三波坡雷古寺庙群被列为世界物质文化遗产，柬埔寨皇家舞、大皮影戏、拔河、长臂琴、面具舞被列为世界非物质文化遗产（见表 2.2）。

表 2.2 柬埔寨世界文化遗产

序号	文化遗产	入选年份	类别
1	吴哥窟	1992 年 12 月 14 日	世界物质文化遗产
2	柬埔寨皇家舞	2003 年 11 月 7 日	世界非物质文化遗产
3	大皮影戏	2005 年 11 月 25 日	世界非物质文化遗产
4	柏威夏寺	2008 年 7 月 7 日	世界物质文化遗产
5	拔河（多国集体申请）	2015 年 12 月 2 日	世界非物质文化遗产
6	长臂琴	2016 年 11 月 30 日	世界非物质文化遗产
7	三波坡雷古寺庙群	2017 年 7 月 8 日	世界物质文化遗产
8	面具舞	2018 年 11 月 28 日	世界非物质文化遗产

吴哥窟是东南亚最重要的考古学遗址之一。吴哥窟建筑群为高棉帝国都城遗址，位于柬埔寨暹粒省暹粒市，占地约 400 平方千米，包含 9—15 世纪高棉帝国不同时期的宏伟遗迹，如吴哥城、巴戎寺、塔布龙寺、圣剑寺等。这些建筑姿态雄伟，创意非凡，在柬埔寨历史上大放异彩。有"王者之庙"之称的吴哥寺是高棉古典建筑艺术的巅峰，它结合了高棉寺庙建筑学中祭坛和回廊的基本布局，以建筑宏伟与浮雕细致闻名于世，被誉为古代东方的四大奇迹之一。吴哥寺的主殿建在三层台基上，台基顶部耸立

着五座石塔，均饰莲花蓓蕾形浮雕。主塔在台基中央，另外四座分布在台基的四角，其造型是柬埔寨国旗图案的一部分。三层台基周边均有石砌回廊，四边有石雕门楼，各层台基有阶梯相连。回廊的内壁、廊柱、石墙、基石、窗楣、栏杆上约有 90 幅浮雕，其中最长的一幅达 60 米。浮雕内容主要是关于印度教大神毗湿奴的传说，也有部分内容是关于战争、国王出行、烹饪、工艺、农业活动的世俗情景，装饰图案以动植物纹为主题。浮雕构思精巧，技法娴熟，采用重叠的层次来展示空间感，人物栩栩如生，雕刻技艺巧夺天工，堪称世界艺术史上的杰作。

巴戎寺是阇耶达摩七世兴建，展现了阇耶达摩七世对佛教的崇信。巴戎寺现存 49 座巨大的四面佛雕像。佛像眼睛微合，嘴唇微翘，面带安详的微笑，人们将之称为"高棉的微笑"。巴戎寺雕工精巧，造型饱满，佛脸面对四方，分别象征着佛教中的淡泊、宁静、包容与恒远。

相传，塔普龙寺是阇耶达摩七世为其母所建。寺内建筑顶端、基底和夹缝中生长了许多数百年的参天古树，林木枝丫丛生，盘根错节，包围和抱持着建筑，体现了人与自然相互依存的关系，是吴哥建筑群中较具特色的景点，与吴哥窟和巴戎寺鼎足而立，成为吴哥古迹中最引人入胜的景观之一。

吴哥窟作为砖石宗教崇拜建筑遗产，具有很高的建筑、考古和艺术价值。虽然它很大程度上受印度文化的影响，但实际上极具高棉艺术特色，反映了柬埔寨建筑艺术的卓越发展水平，是高棉人民艺术和智慧的结晶，在东方艺术和建筑中开辟了一个新的艺术视野，在世界艺术史上书写了光辉的一页。1992 年，联合国教科文组织将吴哥窟列入《世界遗产名录》，并对这一遗址及其周边制定了一项覆盖范围广泛的保护计划。[1]

柬埔寨皇家舞也叫仙女舞，在王室的各种庆典仪式上或高棉节日时表演。柬埔寨皇家舞舞姿典雅优美，宽舒洒脱，动中寓静，静中有动，通过手势和姿态表达痛苦、喜悦、愤怒、疑惑等复杂感情，伴以歌唱来说明剧

---

[1] 资料来源于联合国教科文组织官网。

情的发展、舞蹈的含义。在举世闻名的吴哥窟中，发现了超过 1 700 尊造型优美、舞姿纷繁的舞蹈仙女的浮雕像。[1] 吴哥窟古迹中的仙女虽出自印度神话，但体态、舞姿、相貌和服饰却具有鲜明的高棉民族特征，是世界舞蹈艺术花园中经久不衰的一朵奇葩。20 世纪 70 年代，柬埔寨皇家舞濒临绝迹。2003 年，经联合国教科文组织认定，柬埔寨皇家舞被列入《人类非物质文化遗产代表作名录》，为世界文化增添了一笔美丽的财富。

大皮影戏是高棉戏剧中最古老的门类之一，其历史可追溯至公元 1 世纪。吴哥王朝时期，大皮影戏与柬埔寨宫廷舞和面具舞（戏）一起被视为"神的艺术"，在柬埔寨新年、国王诞辰等特殊场合都会作为祭祀仪式进行表演。大皮影戏的道具使用整张皮革制作而成，剧情主要源于史诗《罗摩衍那》。表演时，由 2—3 人叙述剧情梗概，皮影表演者通过精准的舞步，演绎出动静结合、生机勃勃的精彩场面。2005 年，濒临失传的大皮影戏被联合国教科文组织正式列入《人类非物质文化遗产代表作名录》。

柏威夏寺位于柬泰边境，矗立于海拔约 550 米的崖顶平台上，遗址长约 800 米，宽约 400 米。柏威夏寺共四层庭院。山门屋角翘起，雕琢有精细的花纹，围墙具有吴哥窟的风格，曲线环绕。四层庭院由长长的甬道和阶梯相连，甬道两旁石雕精美，体现了吴哥王朝时期独特的建筑艺术风格。建筑整体呈褐红色，在绿荫和蓝天白云的背景下，古朴壮美，将自然景观与宗教功能融为一体，是高棉建筑艺术的杰作。2008 年，柏威夏寺被联合国教科文组织列入《世界遗产名录》。

拔河与古印度神话故事《翻搅乳海》息息相关。柬埔寨吴哥窟浮雕墙上有一组《翻搅乳海》的长浮雕：陀罗和阿修罗分为两队，握持蛇身，奋力往后拖拽，在激烈的搅动之下，不死灵药从乳海中浮现。[2] 现在，拔河成

[1] 搜狐网. 柬埔寨非遗之一：曼妙的皇家舞 [EB/OL]. [2022-04-23]. https://www.sohu.com/a/318464557_99927358.

[2] 李颖. "翻搅乳海"：吴哥寺中的神与王 [M]. 北京：中国社会科学出版社，2016.

为柬埔寨民间游戏，意味着团结合作、齐心协力战胜对方，受到民众的广泛喜爱。柬埔寨拔河游戏于 2015 年被联合国教科文组织列入《人类非物质文化遗产名录》。

长臂琴是柬埔寨独特的乐器，也是最古老的乐器之一。长臂琴音箱似圆似方，长度约 50 厘米，琴柄长约 1.5 米，琴弦多为两条，两条琴弦分别用于演奏高音和低音。表演者吟唱诗歌、民间故事或佛教故事，内容与柬埔寨人民的生活、习俗和信仰息息相关。然而，现今能够演奏长臂琴的艺术家已经不多，这个传统文化在未来可能不复存在。2016 年，长臂琴被联合国教科文组织列入《人类非物质文化遗产代录》。为了让更多的人了解柬埔寨长臂琴音乐并让这种音乐能流传下去，柬埔寨政府和联合国教科文组织金边办事处联合开办了长臂琴音乐培训中心。

三波坡雷古寺庙群历史悠久，这里的上百座寺庙均修建于 6 世纪末至 7 世纪初的真腊王国时期，是柬埔寨最古老的建筑之一。三波坡雷古寺庙群位于磅同省省会 30 千米处，距离吴哥东部约 176 千米，该寺庙群以独立的塔寺为主，10 座八角形的庙宇具有别的东南亚类似寺庙所没有的特征，它的砂岩建筑装饰也是吴哥时代以前就形成的独特风格，是吴哥古迹的先驱，是高棉文明的摇篮。三波坡雷古寺庙群散落在草木丛生、树荫浓密之处。然而，20 世纪 70 年代的战争造成部分寺庙损坏，该区域埋下的地雷直到 2008 年才被清除干净。2017 年，三波坡雷古寺庙区被联合国教科文组织列入《世界遗产名录》。

面具舞是柬埔寨传统戏剧舞蹈，拥有悠久的历史。面具舞者都是男性。为了用舞蹈语言生动表达人物情感和故事情节，演员需要经过长期的规范训练，让双臂、手指动作达到柔韧绵软、律动细腻的状态。根据不同的背景音乐，演员做出不同的舞姿。表演时，柬埔寨传统锛编乐（pin peat）伴奏，合唱团通过歌唱和诵读来描述情节，让不能说话的面具舞表演更加饱满。2018 年，联合国教科文组织将其列入《世界非物质文化遗产名录》。

认定世界文化遗产对保护濒临消失的人类文明具有重要作用，同时对促进柬埔寨文化复兴和民族文化认同具有积极意义。柬埔寨的有识之士已经注意到了柬埔寨传统文化的重要作用，积极推动传统文化的发展，加强对柬埔寨历史和文化的研究。虽然柬埔寨民族历经坎坷，但当代柬埔寨政府颁布了一系列法令对其文化进行保护，以增强民族文化自信，提高文化竞争力。

第三节　文化名人

一、翁萨拉本·侬

翁萨拉本·侬（生卒年不详）是乌栋王朝著名且多产的诗人，著有《成语法则》《诺侬本生故事》《敬仰贤德》《海神》等。[1] 他的代表作《少年波格》弘扬佛教宣传的真善美，被誉为柬埔寨古典名著之一。[2] 翁萨拉本·侬对柬埔寨后世文学发展产生深远影响，是柬埔寨文学史上的重要人物。

二、安东

安东（1798—1860）是柬埔寨金边王朝的一位国王，也是一位杰出的作家、诗人。在位期间，他致力于发展民族文化，兴建学校，组织传授三藏

---

[1] 邓淑碧. 柬埔寨文学 [J]. 国外文学，1990（4）：89-108.
[2] 少林，天枢. 浅谈柬埔寨的文化艺术 [J]. 东南亚，1995（1）：51-57.

经，启用学问渊博的有识之士，制定教育大纲，修改各种法典，以顺应时代的发展。他还号召人们使用规范的语言和文字，对柬埔寨文学的发展起了重要的推动作用。他的主要作品长篇叙事诗《佳姬王后》在柬埔寨文学史上占有很重要的地位。

三、诺罗敦·西哈努克

作为国王和电影编导，西哈努克（1922—2012）毕生拍摄了 35 部剧情电影和纪录长片，对民族文化进行了影像建构，希望以此激发柬埔寨人的民族自豪感，树立他们的文化自信。其第一部长片是纪录电影《柬埔寨》，该影片记录了柬埔寨国内体育、农业、工业、基础设施建设、教育、公共卫生等方面的发展情况，以及各省的历史脉络和自然风光。西哈努克国王的影视作品充满了爱国主义情怀和民族自豪感，致力于展现柬埔寨的传统艺术。

第三章 教育历史

　　教育传承着国家的文明，延续着民族的命脉。柬埔寨的教育史源远流长，纵观高棉文明的各个发展时期，不同时期的教育各具特点。传统文明与现代文明不断推动着柬埔寨教育向前发展。明晰柬埔寨教育历史，解读教育发展历程，以史为鉴，可以更好地把握今后教育的发展方向。

第一节 独立前的历史

一、扶南时期的教育

　　扶南时期是高棉文明的奠基阶段。由于受古印度文化影响，婆罗门教和佛教盛行。扶南时期教育内容集中在宗教、信仰、传统习俗等方面。知识渊博的梵天被视为专门负责婆罗门教仪式和教育的神。宗教仪式作为教育手段，促成了高棉早期文明、文化崛起。扶南中期，佛教逐渐流行。据中国古籍所载，扶南多任国王曾派遣高僧到中国传经弘法，翻译经文。[1] 由此看出，扶南时期佛教高僧承载着教育民众的重任，他们向一代代的高棉

---

[1] 邓淑碧. 中柬文化交流概述 [J]. 东南亚纵横，1993（1）：18-22.

人传授着各种知识、文化习俗、梵语、高棉文字等。因此，宗教在此时期推动了柬埔寨教育发展。

扶南时期，教育内容除了婆罗门教和佛教知识，还包括劳动教育、健康教育、农业教育、手工业教育等方面。[1] 此时，冶铁筑陶、打造工具、制造船只方面的技艺已成熟，医学、音乐、舞蹈等领域也有所发展。中国古籍记载，扶南国"能建造宽六七尺，长八九丈的大船，并用于远洋航行"，[2] "赤乌六年公元 243 年，扶南王范旃遣使献乐人及方物……"[3] 这都说明柬埔寨当时在很多方面已有相当造诣，并且通过教育把这些知识和技能代代相传。

二、真腊吴哥时期的教育

真腊吴哥时期的教育延续扶南时期的宗教教育模式。佛堂、寺庙在教育中扮演了关键角色。僧侣们在佛堂、寺庙中提供教育，教育内容涉及文字、哲学、文学、艺术等领域。梵天通过颂扬和阅读《罗摩衍那》等宗教书籍向民众传授所需的知识和技能。王子、公主等王室贵族子女可以在王家寺庙中接受正规和完善的宗教教育；普通百姓的男孩从大约 11 岁开始可以在普通寺庙接受教育，阅读宗教经文书籍，学习梵文音系语法、诗歌写作、宗教仪式、社会道德、数学、天文学等知识，也会学习疾病治疗、手工艺、造铁、木工、火葬等技能。[4]

在《真腊风土记》中，周达观写道，"僧……国王有大政亦咨访之……俗之小儿入学者皆先就僧家教习。"[5] 我们可以据此管窥这一时期僧侣具有

[1] 金苏. 柬埔寨教育史 [D]. 南宁：广西民族大学，2021.

[2] 邓淑碧. 中柬文化交流概述 [J]. 东南亚纵横，1993（1）：18-22.

[3] 少林，天枢. 浅谈柬埔寨的文化艺术 [J]. 东南亚，1995（1）：51-57.

[4] 金苏. 柬埔寨教育史 [D]. 南宁：广西民族大学，2021.

[5] 中华典藏网. 真腊风土记 [EB/OL]. [2024-08-26]. https://www.zhonghuadiancang.com/tianwendili/zhenlafengtuji/17064.html.

较高的社会地位，以及宗教在教育中的中心地位。佛教所宣扬的生死轮回、慈悲忍辱、遵守王法等思想与君王统治利益不谋而合，因此受到了统治者的大力扶持，佛教的地位逐渐提高。[1]

寺庙不仅仅是当时的宗教活动中心、文化艺术中心，也是教育中心，在柬埔寨教育史上占有重要地位，可以说，在寺庙等佛教场所进行的教育活动是柬埔寨教育的起源，并延续至今。寺庙是"学校"，承担着培养僧侣、保存典籍、教诲民众的教育任务和社会职责，僧侣是"教师"，佛教经文、经典、宗教纪律、巴利文和梵文文学是学习材料，上到国王下到百姓都学习佛法。学生需要花很长时间来学习六种知识：如何火葬、音系学、诗歌写作方法、如何准确阅读吠陀经文书籍、梵语和巴利语语法、天文学。[2]

在吴哥王朝，柬埔寨开始有了大学，圣剑寺是哲学和宗教教育的最高学府，寺内有学者专门研究社会科学和自然科学；龙蟠寺是疾病治疗的研究中心；塔普龙寺有 18 位博士和 2 840 位教授。[3] 这些寺庙培养了很多学者、建筑师、工程师、雕塑家和艺术家。

然而随着吴哥王朝的衰败和暹罗的侵犯，高棉文化几乎被破坏殆尽，大部分的佛塔都被摧毁，许多学者被强行输送到暹罗，鼎盛的教育随着吴哥文明的没落而折戟。直到 19 世纪初，安东国王召集人们收集在战争中被摧毁和丢失的佛教书籍，修建图书馆、佛塔，督促适龄学生到佛堂学习，佛教教育才重新被视为发展社会和复兴国家的最重要一环。[4] 乌栋王宫是一所大学，国王安东是院长，他传授高棉文学、诗歌、文章写作、巴利语、佛法、佛教哲学等知识。[5]

[1] 王玥. 佛教对柬埔寨教育的影响 [J]. 海外佛教，2021（6）：54-60.

[2] 金苏. 柬埔寨教育史 [D]. 南宁：广西民族大学，2021.

[3] HARRIS I. The middle period and the emergence of the Theravada[M]//HARRIS I. Cambodian Buddhism: history and practice. Honolulu: University of Hawai'i Press, 2005: 26-48.

[4] CHANDLER D. A history of Cambodia[M]. 4th ed. Boulder: Westview Press. 2008: 104-105.

[5] 金苏. 柬埔寨教育史 [D]. 南宁：广西民族大学，2021.

三、殖民时期的教育

1863—1953 年，柬埔寨沦为法国的殖民地。法国并不重视柬埔寨的教育发展，其在柬埔寨建立的学校数量十分有限，这一时期的学生人数也很少。1867 年，柬埔寨的第一所小学创办，在校学生 40 名。到 1911 年，柬埔寨有 30 所小学，在校学生人数不足 2 000 人。到 1931 年，小学 101 所，在校学生人数 10 691 人。1911 年，柬埔寨的第一所初级中学创办，经过 35 年的发展，到 1946 年，柬埔寨有 4 所初级中学，在校学生仅 525 人。1935 年，法国在柬埔寨建立第一所高级中学，1939 年，该校只有 4 名毕业生。独立前，柬埔寨只有王家医学院 1 所高等院校，该校的柬埔寨学生若想去法国高等院校留学会被百般阻挠。[1] 直到第二次世界大战后，河内的印度支那大学才为柬埔寨人提供大学教育，但招收的柬埔寨学生仍不到 30 名。[2] 法国殖民时期，柬埔寨每年用于教育事业的财政预算经费十分有限。[3] 教育事业发展缓慢，使柬埔寨迟迟未能跟上世界近代文化发展的步伐。

为巩固其统治地位，法国殖民统治者在柬埔寨进行"文化殖民"，企图通过全面实行西方教育来达到奴化柬埔寨人民的目的。

法国殖民政府成立了教育改革委员会，在柬埔寨开展教育改革工作。殖民政府建立高棉-法语学校，该校仅开设法国历史课，而不开设柬埔寨历史、柬埔寨地理等课程；殖民政府强行普及法语，甚至计划使用拉丁字母代替高棉文字，对柬埔寨传统文化进行打压。在人员聘用方面，高棉-法语学校只聘用会讲法语的人。直到 1938 年，小学教师中只有 238 名柬埔寨人，中学教师则几乎全是法国人。[4] 这些法语教师教导高棉学生爱法国胜过爱柬埔寨，意图把柬埔寨变成一个没有自己的历史、宗教、文化和传统习俗的

---

[1] 王士录. 当代柬埔寨 [M]. 成都：四川人民出版社，1994：233.

[2] 李晨阳，瞿健文，卢光盛，等. 柬埔寨 [M]. 北京：社会科学文献出版社，2005：303.

[3] 付岩松，胡伟庆. 柬埔寨研究 [M]. 北京：军事谊文出版社，2004：226.

[4] 王民同. 东南亚史纲 [M]. 昆明：云南大学出版社，1994：355.

殖民地，结果导致大部分高棉学生丧失了对本国传统文化的认同，甚至对传统高棉文化产生轻视和鄙夷。

殖民后期，殖民者需要通过借助柬埔寨君主的威望，进一步巩固殖民统治，因而他们在教育领域稍稍做出了让步。教育改革委员会在尊重佛教教育传统习惯的基础上，改革寺庙学校，要求佛教教育逐渐增加学习科目，为在寺庙学校任教的佛教教师设立教师培训中心，并要求参与教学改革的佛教教师参加统一的培训以便掌握新的教学内容和教学方法，以此来达到寺庙学校转型的目的。柬埔寨的佛教教育在殖民统治后期得到了一定的发展，出现了以下四种教育机构。

一是巴利文学校。1914—1921 年，政府兴建巴利文学校。巴利文学校学制 3 年，共三个年级。开设课程有巴利文、巴利文语法，以及法句经、毗尼藏、阿毗达摩藏经文的柬埔寨语翻译。由于巴利文学校不能满足大部分学僧深入学习佛学的需求，政府在 1922 年进行了初次改革，并兴建了高级巴利文学校。高级巴利文学校学制 4 年，共四个年级。开设课程有古典语言（巴利文和梵文）、高棉语言、文化、文学、宗教、高棉史、柬埔寨政治、政治经济、数学等。入学与毕业都要经过严格的考试，成绩优异还会有奖励。1955 年，高级巴利文学校进一步改革，更名为佛教中级学校，学制 4 年。学僧通过毕业考试后可获得佛教中级学校文凭。

二是巴利文预科学校。1933 年起，政府在各地寺庙中建立巴利文预科学校，学制 3 年。至 1947 年，全国共有巴利文预科学校 187 所；1948 年，新建 38 所；1949 年，新建 7 所，共计 232 所。1947 年以后，申请入学和毕业的学僧人数每年都成倍增长。[1]

三是佛教学院。佛教学院建于 1930 年，承载着研究和传播高棉传统文化的使命。佛教学院负责收集和保存古代文献资料，出版巴利文、梵文、

---

[1] 占本尼，梁薇. 1940—1953 年间柬埔寨教育的佛教模式 [J]. 东南亚纵横，2012（11）：52-57.

高棉文的外语、文学、宗教、艺术、考古、历史、风俗类书籍。佛教学院图书馆的职责是研究东方国家的文化。如今，佛教学院图书馆是柬埔寨王国的科学性公共图书馆，对柬埔寨科研人员、外国人、僧侣、普通民众以及学生开放。佛教学院图书馆现有藏书 15 000 册，[1] 为柬埔寨语、法语、英语、斯里兰卡语、宗教、历史、艺术、文物类书籍，还藏有高棉文和巴利文的贝叶经典，以及柬埔寨语、法语、英语的报纸、杂志、刊物等。

四是律院。1950 年，政府批准在寺庙里设立律院，律院是学习律经的场所。律院只接收比丘和沙弥，课程表和学时、假期都按宗教部的规定设置。

这一时期的佛教教育对柬埔寨传统文化传承发展至关重要。佛教教育机构开设了符合时代发展的、从初级教育到高级教育的课程，在这点上并不逊于高棉-法语学校，成为柬埔寨在这一时期人才培养的重要途径之一。

虽然法国殖民给柬埔寨带来了深重的灾难，但殖民政府引入现代教育模式，第一次为女孩提供了接受正规教育的机会，引进了教师招聘、教师培训制度，规定了教师上岗要求，在一定程度上促进了柬埔寨教育行政体系的建立，使柬埔寨现代教育体系初具雏形。

第二节　独立后的教育

一、西哈努克时期的教育

1953 年 11 月 9 日，柬埔寨宣布独立，此时，柬埔寨的教育体系十分混乱，有传统教育、法国正规教育、法柬混合教育、改进式传统教育等多种

---

[1] 占本尼，梁薇译. 1940—1953 年间柬埔寨教育的佛教模式 [J]. 东南亚纵横，2012（11）：52-57.

类型。独立初期，西哈努克政府迅速确定了教育改革方向和适合国家特色的教育体系，开启了柬埔寨现代教育历史的新篇章。可以说，西哈努克执政时期是柬埔寨教育体系总结和完善的重要时期，柬埔寨教育发展也取得了斐然的成绩。

西哈努克主政后对教育采取优先发展政策，采取各种措施积极对传统教育进行升级改造。第一，建立了公共教育部（后改称国民教育部），设置了从中央到地方的各级教育行政机构。第二，颁布了全国统一的教育宗旨，将学校教育重新划分为初等教育、中等教育、高等教育三个阶段，并规定了各级各类学校的目标、学制、入学条件等，建立起系统衔接的学校教育制度。第三，增加了对教育的投入，兴建了许多大中小学校，开展全社会的扫盲运动，使学校数量、在校学生人数、适龄儿童入学率都有所提升。第四，实行教育改革，特别是课程的"柬埔寨化"，包括修订教学大纲以反映柬埔寨的独立进程，提供高棉语教材，在小学教育中将法语降为第二语言。[1] 第五，提高教师教学水平，增加教材供应量，以保证教学质量。

据联合国开发计划署统计，1955—1967 年，柬埔寨教育预算占一般公共预算支出比例从 12% 增加到 25%；到 1968 年，柬埔寨已建成 4 857 所小学，179 所中学，8 所高等院校；到 20 世纪 60 年代末，柬埔寨在校学生超过 100 万，其中，小学生 919 456 人、初中生 63 614 人、高中生 35 194 人；到 1965 年，小学教育的女性入学率从 9% 增长到 39%；教师数量方面，到 1964 年，柬埔寨有小学教师 21 313 人、中学教师 4 491 人。[2] 学校成为培养知识分子、弘扬爱国精神、传播正能量的主要场所。

在西哈努克时期，各类佛教教育机构仍然发挥着传道授业的重要作用，特别是在偏远山区，只有传统的佛教教育。1959 年，西哈努克王家佛

[1] AYERS D M. Anatomy of a crisis: education, development, and the state in Cambodia, 1953—1998[M]. Honolulu: University of Hawai'i Press, 2000: 39-41.

[2] WATTS K. Report of the Kampuchea needs assessment study[M]. Phnom Penh: UNDP, 1989: 146.

教大学建成。1962 年，柬埔寨共有近 600 所寺庙学校，有 1 万多名学习者，800 名僧侣教师。1955 年，在金边成立的四年制普拉苏拉马里特佛教中学为学生提供巴利语、梵语、高棉语以及许多现代学科的课程。该校的毕业生可以在西哈努克王家佛教大学继续学习。西哈努克王家佛教大学提供三个周期的教学；学生成功完成第三个学习周期后，将被授予博士学位。1962 年，西哈努克王家佛教大学共有 107 名学生入学。1969—1970 学年，超过 27 000 名学生进入佛教小学，1 328 名学生在佛教中学就读，176 名学生在佛教大学就读。[1]

二、内战时期的教育

从 20 世纪 70 年代初开始，柬埔寨经历了近三十年的内乱与战争，教育事业受到严重破坏，几乎陷于瘫痪。柬埔寨绝大多数的教育机构、教育设施在战火中被摧毁，许多学生、专家、教师、教育管理人员都死于战争。1979 年年初，柬埔寨政府把重建教育机构列为重要任务。在联合国儿童基金会和国际红十字会的支持下，柬埔寨在很短的时间内重建了大约 6 000 所教育机构，培训了数千名教师。[2] 由于能够胜任教学工作的教师严重不足，只有 10% 的教师有教师资格证，大部分教师对该职业充满担忧，无心任教，导致这一时期教育教学水平较差。

1993 年柬埔寨恢复和平后，王国政府为提高各级教育的质量做出了许多努力。

1994 年，柬埔寨政府成立教育部。同年，政府召开全国教育研讨会，

---

[1] 金苏. 柬埔寨教育史研究 [D]. 南宁：广西民族大学，2021.

[2] SIDETH S D. Basic education development in Cambodia: targets and policies for quality improvement[R]. Hiroshima: Hiroshima University, 2004: 32.

批准了重建优质教育和培训计划。1996 年，政府将教育部改名为教育、青年和体育部。这一时期，柬埔寨政府颁布了多条法令来规范教育教学，改革教材和教学方法来提高教育质量，改革 4+3+3 学制的教育体系，实行国际标准的 6+3+3 学制，明确学校的教学目标为把学生培养成热爱国家、团结友善、具有良好的行为规范和良好道德思想、具备足够的工作能力、能够圆满完成国家事业的好公民。1993 年大选后，政府宣布致力于发展人力资源和能力建设，将教育支出占全国公共支出的比例至少提高到 15%。

教育制度的改革主要分三个阶段。1979—1986 年，实行 10 年（4+3+3）学制（4 年小学教育 +3 年初中教育 +3 年高中教育）。1986—1996 年，学制修改为 11 年（5+3+3）学制（5 年小学教育 +3 年初中教育 +3 年高中教育）。1996 年后，柬埔寨的学制实行 12 年（6+3+3）普通教育制度，包括 6 年小学、3 年初中和 3 年高中教育。

三、现代教育

经历战争破坏之后，柬埔寨政府致力于国家振兴。教育对柬埔寨政府实现"四角战略"第四阶段的人力资源开发优先发展目标起着至关重要的作用，同时，政府也将教育和培训视为实现柬埔寨可持续发展目标的最重要战略之一，[1]通过教育立法、颁布教育战略计划等一系列措施，建立起一个顺应新时代发展的教育体系。

当代柬埔寨公共教育系统包括：3 年学前教育；6 年小学教育（一至六年级）；6 年中等教育，包括 3 年初中（七至九年级）和 3 年高中（十至十二年级）；高等教育（4 年本科教育、2 年硕士教育和 3—6 年博士教育）（见

---

[1] 资料来源于柬埔寨教育、青年和体育部官网。

表 3.1)。[1] 教育、青年和体育部规定，基础义务教育为 9 年，包括第一级小学教育和第二级初中教育。学前教育和第三级高中教育不是强制性的，但被积极倡导。[2] 大学、高中、技术和职业培训机构分别提供高等教育和第三级教育。柬埔寨的教育系统还包括非正规教育系统，非正规教育系统主要侧重于成人扫盲、扫盲后教育和正规教育的同等学力。[3]

表 3.1 当代柬埔寨教育系统

年龄	正规教育		非正规教育
	教育阶段	年级	
24 岁及 24 岁以上	高等教育	博士一至六年级	非正规教育
23 岁		硕士二年级	
22 岁		硕士一年级	
21 岁		本科四年级	
20 岁		本科三年级	
19 岁		本科二年级	
18 岁		本科一年级	
17 岁	高级中学	十二年级	
16 岁		十一年级	
15 岁		十年级	

---

[1] 资料来源于柬埔寨教育、青年和体育部官网。

[2] BOOTH M N. Education and gender in contemporary Cambodia[J]. International journal of humanities and social science, 2014(8): 42-50.

[3] 资料来源于联合国教科文组织国际教育局官网。

续表

年龄	正规教育			非正规教育
	教育阶段		年级	
14 岁	九年基础义务教育	初级中学	九年级	非正规教育
13 岁			八年级	
12 岁			七年级	
11 岁		小学	六年级	
10 岁			五年级	
9 岁			四年级	
8 岁			三年级	
7 岁			二年级	
6 岁			一年级	
5 岁	学前教育		幼儿园大班	
4 岁			幼儿园中班	
3 岁			幼儿园小班	

柬埔寨教育系统旨在实现以下目标。第一，通过教育，培养学生共同的思想、价值观，使学生树立民族意识、民族自豪感，促进民族团结和民族认同。第二，以整体、综合的方式培养学生，使其在身体、智力、情感、审美和精神上达到平衡。第三，根据多元化、知识经济和劳动力市场的需求，培养知识渊博、技能熟练和有能力的人，使其在全球和地区范围具有竞争力。第四，使终身学习者为相互关联和相互依存的世界做好准备，在地方、国家、区域和全球层面上采取有效和负责任的行动，以建立一个更加和平和可持续的世界。[1]柬埔寨的国家教育愿景是开发人力资源，使人才全面发展、知识渊博、有能力、有道德、有创新创业精神、珍视国家团结，

---

[1] 资料来源于柬埔寨教育、青年和体育部官网。

为知识型社会的创建做出贡献。

以人权为重点、广泛、全面的教育成为柬埔寨教育改革的方向。柬埔寨扩大所有儿童、青年和成人的教育机会，肯定所有性别、所有年龄层学习的重要性，并强调社会中最贫穷、最弱势群体的受教育需要。柬埔寨政府高度重视教育发展，不断加大对教育领域的投入。近年来，教育预算在经常预算中所占份额大幅增加。2006 年，达到 18.9%。[1] 根据《柬埔寨 2030 年教育路线图》，教育拨款占国内生产总值的比例将从 2016 年的 2.3% 增长到 2030 年的 4.5%。同样，教育部门支出占政府总支出的比例将从 2016 年的 18.3% 增长到 2030 年的 20%。在 2016 年基准年，教育部门的财政需求估计为 7.64 亿美元，2030 年将增加到 17.27 亿美元。[2]

进入 21 世纪以来，在政府及教育部门的共同努力下，柬埔寨教育进入了快速发展期。柬埔寨各级教育机构数量和学生人数基本呈现逐年上升的趋势。2000—2022 年，柬埔寨公立幼儿园的数量增加显著，学前教育入学人数从 5.58 万人增长到 21.78 万人。[3] 2004 年小学净入学率攀升至 76%，毛入学率为 127%，到 2021 年，小学净入学率达到 89.4%。[4] 与前期小学入学率的增长形成鲜明对比的是，柬埔寨的中学教育近期才迎头赶上。近年来，政府致力于普及初高中教育。初中净入学率自 1997 年的 7.6% 增加到 2004 年的 16.9%；高中净入学率自 1997 年的 4.6% 增加到 2004 年的 9.8%，到 2021 年，高中净入学率已达到 34.8%，这是柬埔寨过去二十年来的重大进步。为所有人提供接受高中教育、职业教育、高等教育的机会已被确定为政策制定的优先领域。

2005 年，管理和规范职业教育的职责由教育、青年和体育部移交给劳

---

[1] BENVENISTE L, MARSHALL J, ARAUJO M C. Teaching in Cambodia[M]. Washington, DC: World Bank, 2008: 4.

[2] 资料来源于柬埔寨教育、青年和体育部官网。

[3] 资料来源于柬埔寨教育、青年和体育部官网。

[4] 资料来源于柬埔寨国家统计局官网。

动职业培训部。到 2010 年，柬埔寨有 14 所理工学院和技术学院，提供正式的职业教育与培训课程。[1]

柬埔寨政府采取了一系列举措扩大学生接受高等教育的机会。柬埔寨大学数量从 1997 年的 8 所增加到 2009 年的 70 所，2018 年，增加到 121 所。2018 年，柬埔寨高等教育毛入学率为 14.79%，[2] 比起 20 世纪初，有了明显的进展。

柬埔寨非正规教育对全民终身学习起着不可或缺的作用。到 2016 年，共有 7 819 个扫盲班，服务了 165 001 名学生。共有 1 279 个非正规初等教育同等班，覆盖 25 608 名学生。社区学习中心的数量从 2014 年的 347 个增加到 2018 年的 356 个。职业培训课程共有 2 991 个，其中 41 246 名学员完成了技能培训课程。[3]

现代化的佛教学校也是柬埔寨教育系统的一部分。[4] 截至 2020 年 3 月，全国共有 972 所佛教小学，118 所佛教初级中学，16 所佛教高级中学，5 所佛教大学。[5] 这些佛教学校只有 97 所分布在城市，绝大多数则分布在农村，并且大部分学校建在寺院内。[6] 佛教学校不收取任何学费，为经济不发达的农村地区学生提供了免费的受教育机会。佛教教育在柬埔寨教育体系中扮演着十分重要的角色，它撑起了柬埔寨偏远地区和农村地区基础教育的半边天，拓宽了柬埔寨孩童接受教育的渠道，也为柬埔寨扫盲事业贡献出了自己的力量。

目前，柬埔寨各阶段教育采用"公立为主，公私并立"的机制。到 2022 年，柬埔寨共有私立学校 1 666 所，这些私立学校以柬埔寨本土学

---

[1] 资料来源于联合国教科文组织国际教育局官网。

[2] 资料来源于联合国教科文组织国际教育局官网。

[3] 资料来源于劳动职业培训部官网。

[4] BRAY M, KWO O. Behind the façade of fee-free education: shadow education and its implications for social justice[J]. Oxford review of education, 2013, 39(4): 480-497.

[5] 资料来源于柬埔寨教育、青年和体育部官网。

[6] 王玥. 佛教对柬埔寨教育的影响 [J]. 海外佛教，2021（6）: 54-60.

校为主，但也有穆斯林学校、英语学校、华语学校等，在读学生人数约24万，[1] 是柬埔寨教育体系的有益补充。

柬埔寨政府十分注重维护教育伙伴关系，公共和私营部门、国内和国际组织、非政府组织和社区均可参与柬埔寨国家教育政策、计划和战略的制定、起草、监测和评估、审查和修订过程。近年来，许多国际组织和非政府组织在支持柬埔寨教育机构方面发挥着重要作用。联合国教科文组织、联合国儿童基金会、全球教育伙伴关系基金、亚洲开发银行和世界银行是柬埔寨教育的重要合作伙伴，为柬埔寨教育投入了大量资金。王家法律经济大学、国立管理大学和经济与金融学院等多所高校与国外一流大学进行学术合作。柬埔寨最大、历史最悠久的柬埔寨金边王家大学与全球 29 所外国大学和 40 多个国际组织建立了学术合作关系。教育、青年和体育部已派遣 4 221 名柬埔寨高校学生出国留学。柬埔寨学生留学的主要目的地国家是泰国、澳大利亚、越南、法国、美国、沙特阿拉伯、日本、韩国、新西兰和英国。[2]

---

[1] 资料来源于柬埔寨教育、青年和体育部官网。

[2] KOEUT K. Student exchange at Royal University of Phnom Penh: experiences, challenges and future directions[D]. Phnom Penh: Royal University of Phnom Penh, 2018.

第四章 学前教育

    学前教育对儿童智力、心理、身体等方面的发展至关重要，对儿童成年以后的思维能力和学习能力有深远影响，是儿童未来学习和发展的基础。柬埔寨是东盟成员中人口结构最年轻的国家之一，[1] 柬埔寨政府不断提供高质量的学前教育，使儿童能够在国家未来建设中发挥最大的潜力。

第一节 学前教育的发展和现状

一、学前教育的发展历程

    在柬埔寨沦为法国殖民地之前，其教育深受宗教的影响。一般情况下，儿童到 10 岁时才能进入寺庙学习。[2] 而小龄儿童的教育通常是在家庭中进行的，当时的柬埔寨并没有专门的学前教育机构。父母是孩子的启蒙老师，佛教经典被许多家庭拿来作为孩子的教育范本。随着现代教育在柬埔寨的发展，学前教育在政府的支持下从以家庭教育为主的传统模式逐渐转向现

---

[1] 资料来源于联合国儿童基金会官网。

[2] 王玥. 佛教对柬埔寨教育的影响 [J]. 海外佛教，2021（6）：54-60.

代化、专门化的社会教育模式。

根据柬埔寨教育、青年和体育部的统计，1979—1980 学年，全国约有 96 所公办学前教育机构，为 3—5 岁的儿童提供学前教育。由于社会动荡和政权更迭，直到 20 世纪末，学前教育并未受到政府重视，发展非常缓慢。1999 年，全国仅有 800 多所公办学前教育机构。21 世纪以来，在政府的大力支持下，柬埔寨学前教育事业发展迅速，学前教育机构数量迅速增长。2022 年，全国有 4 563 所公办学前教育机构为适龄儿童提供教育服务（见图 4.1）。[1]

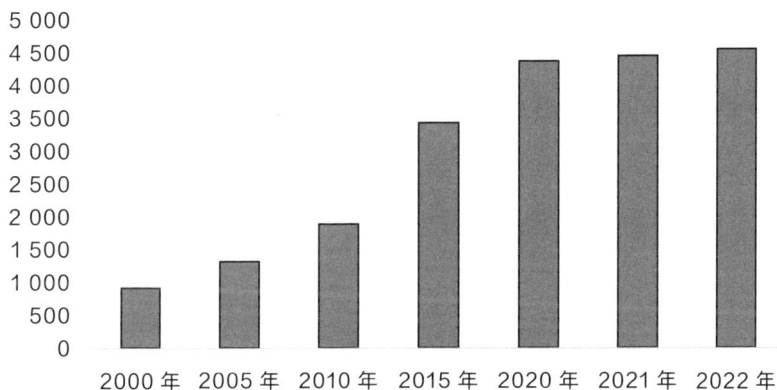

图 4.1 2000—2022 年柬埔寨学前教育机构数量（单位：所）

二、学前教育的现状

（一）相关政策

柬埔寨政府出台国家政策、教育法律法规、行动规划，推动学前教育

---

[1] 资料来源于柬埔寨教育、青年和体育部官网。

快速健康发展。2000 年，柬埔寨签署了《全民教育达喀尔行动框架目标协议》，加大了对学前教育的关注力度，开始逐渐扩大幼儿护理和学前教育的规模，并提升质量。2004 年，教育、青年和体育部成立了幼儿保育发展处。在《2001—2005 年国家教育战略规划》中政府提出幼儿保育和扩展教育计划：通过发展公立学前教育、私立学前教育、社区学前教育、家庭学前教育，为下一代提供健康、技能和知识保障，提升学前教育入学率，为社会经济发展做出贡献。2010 年，内政部通过《国家幼儿保育发展政策》，这说明柬埔寨政府认识到幼儿保育和发展的重要性，认识到儿童对国家未来的价值。《国家幼儿保育发展政策》的主要内容为：（1）为怀孕的母亲和六岁以下的儿童提供幼儿保育和发展服务；（2）确保儿童获得全面的幼儿保育和发展服务；（3）确保有关部委、公共机构和社会力量共同支持幼儿保育事业；并着重强调幼儿保育和发展是柬埔寨政府全民教育和减贫战略的一个优先事项和不可或缺的要素。[1] 在随后的《2009—2013 年国家发展计划更新战略》《2014—2018 年幼儿保育和发展国家行动计划》《2019—2023 年国家教育战略规划》《柬埔寨 2030 年教育路线图》等文件中，柬埔寨政府均强调确保所有儿童都获得学前教育的重要性。

（二）教育机构

在柬埔寨，有三种针对 3—5 岁儿童的学前教育服务。

一是公立幼儿园。公立幼儿园一般直接使用小学的教室。教育、青年和体育部幼儿保育发展处负责管理公立幼儿园课程、教学和行政事务。

二是私立幼儿园。私立学前教育是收费的，并由私立幼儿园所有者管理。部分私立幼儿园面向国际社会，教师往往拥有国际公认的任教资格。

---

[1] 资料来源于柬埔寨教育、青年和体育部官网。

然而，对学前教育需求的增加导致许多私立幼儿园尚未达到教育标准。教育、青年和体育部目前正在制定条例，以确保私立幼儿园的教育质量。

三是社区幼儿园。基于社区的幼儿园数量相对较多。在难以获得正规学前教育的农村地区和城市周边地区，社区学前教育很常见。社区幼儿园通常在家庭、社区、小学，或佛堂提供的庇护所中开设，教学规模很小。柬埔寨有许多不同类型的基于社区的学前教育计划，每一种都是为了满足所在区域的儿童的需求而制定的。

表 4.1 列举了 2019—2020 学年不同学前教育机构的数量和入学人数。[1]

表 4.1 2019—2020 学年不同学前教育机构的数量和入学人数

机构类型	机构数量/所	三岁入学儿童人数	四岁入学儿童人数	五岁入学儿童人数
公立幼儿园	4 409	16 763	67 864	147 580
私立幼儿园	594	11 289	15 711	21 072
社区幼儿园	3 064	17 419	29 824	25 171
总数	8 067	45 471	113 399	193 823

除了以上三种类型的学前教育机构外，柬埔寨还有家庭幼儿园，即由当地母亲自愿组织，以家庭为基础实施学前教育。家庭幼儿园由一位母亲作为核心领导，由教育、青年和体育部和非政府组织对部分母亲进行培训并提供培训材料。这种方式为生活在农村和贫困地区的儿童提供了学前教育。

腊塔纳基里省、上丁省、蒙多基里省、柏威夏省、桔井省 5 个省份的 19 个市县还为土著儿童设计了多语言教育方案。暹粒省、磅同省、腊塔纳

[1] 资料来源于柬埔寨教育、青年和体育部官网。

基里省、桔井省、马德望省等地有全纳教育方案，当地政府通过增加幼儿园、培训公立幼儿园和社区幼儿园教师，为残疾儿童提供学前教育。

（三）学生情况

柬埔寨正规的学前教育由教育、青年和体育部管理和监督，对 3—5 岁的儿童实行三级学制，即 3 岁儿童接受第一阶段教育，4 岁儿童接受第二阶段教育，5 岁儿童接受第三阶段教育。在过去二十年里，柬埔寨学龄前儿童入学人数增长迅速。

根据《2015 年全民教育中期评估报告》统计，2000—2001 学年参加学前教育的适龄儿童只有 78 368 人，到 2005—2006 学年，共有 119 893 人（60 541 名女孩，约占总数的 50%）注册，入学率约为 12%。其中有 75 669 名儿童在公立幼儿园就读，约占总入学人数的 63%；社区幼儿园有 22 265 名儿童，家庭幼儿园有 13 447 名儿童，私立有幼儿园 8 512 名儿童。到 2012—2013 学年，幼儿教育方案的总入学人数增加到 280 191 人，入学率达到 33%。[1]

根据《教育、青年和体育部 2015—2016 学年情况报告及 2016—2017 学年目标》，2016—2017 学年，有 426 025 名 0—5 岁儿童接受各种形式的教育，约占该年龄组总人口的 21.8%。接受各种形式教育的 3 岁儿童人数为 63 509 人，约占这一年龄组人口的 20.3%，接受各种形式教育的 4 岁儿童人数为 113 010 人，约占这一年龄组人口的 37.4%，接受各种形式教育的 5 岁儿童人数为 196 669 人，约占该年龄组人口的 66.4%。[2] 在《教育、青年和体育部 2019—2020 学年情况报告及 2020—2021 学年目标》中，2020—2021 学年，全国有 338 307 名适龄儿童（其中有 170 657 名女孩）接受了各种类型的学前教育，约占柬埔寨适龄儿童的 50.4%。36 449 名 3 岁儿童（约占该年龄组的 12.1%）

---

[1] 资料来源于柬埔寨教育、青年和体育部官网。

[2] 资料来源于柬埔寨教育、青年和体育部官网。

和 99 624 名 4 岁儿童（约占该年龄组的 32.6%）参加了学前教育；5 岁儿童参加学前教育比例显著增加，共计 191 282 名，约占该年龄组的 61.1%。学前教育总入学率（公立、私立和社区幼儿园）约为 34.86%，其中男生约为 33.1%，女生约为 35.9%。[1]

（四）教育内容

学前教育课程从三个层面进行规划和组织。第一是从知识层面，课程内容涉及识字、高棉语、学习数数、识别物体。第二是从技能层面，课程内容涉及使用高棉语进行交流，运用数学算术（数数、绘图、比较），身体卫生，锻炼身体协调性，为自己的行为说明理由，能够运用恰当的语言和手势与朋友、家人进行交流，能够识别对错。第三是态度层面，课程内容涉及培养儿童良好学习习惯，学会提出问题，接受新事物，知道如何分享与合作，培养儿童对音乐、舞蹈和高棉传统音乐的兴趣爱好，学会保持校园和个人卫生干净整洁，爱自己、家庭、朋友和教师。[2]

（五）师资状况

2021—2022 学年，柬埔寨学前教育教师数量分别为：公立幼儿园 5 621 人，私立幼儿园 2 631 人（另有外教 677 人），社区幼儿园 3 256 人。如表 4.2 所示。虽然学前教育教师数量每年持续增加，但柬埔寨师资短缺的情况仍很严重，教师招聘的速度没有跟上学生入学人数增长的速度。近年来，公立幼儿园的入学率以每年 10.3% 的速度增长，而教师规模的相应增长率约为 5.5%。相比之下，参与私立学前教育更有可能获得高素质的国内和国际教育。[3]

---

[1] 资料来源于柬埔寨教育、青年和体育部官网。

[2] 资料来源于柬埔寨教育、青年和体育部官网。

[3] 资料来源于柬埔寨教育、青年和体育部官网。

表 4.2 2021—2022 学年柬埔寨学前教育教师数量

学前教育机构类型	教师人数
公立幼儿园	5 621
私立幼儿园	3 308
社区幼儿园	3 256
总数	12 185

政府管理的幼儿园教师应在十二年级（高中教育结束）后完成为期两年的培训方案。社区教师接受政府提供的十六天在职培训。各省的学前教育的扫盲教师每年接受两次为期三天的在职培训。柬埔寨迫切需要加大学前教育教师培训力度，提高教师能力，加强教育质量。[1]

第二节 学前教育的特点和经验

一、学前教育的特点

（一）社区幼儿园与家庭幼儿园在学前教育中发挥重要作用

社区幼儿园和家庭幼儿园在柬埔寨发挥着重要作用。社区幼儿园主要位于农村和城市周边地区，以满足生活在特定地理区域儿童的学前教育需求而建，部分社区幼儿园还服务于当地少数民族儿童。家庭幼儿园同样是学前教育的有效补充形式。在偏远、贫困地区的村庄，担任核心领导角色

---

[1] 资料来源于柬埔寨教育、青年和体育部官网。

的母亲在家中为周边儿童开展家庭学前教育，教授一定的幼儿健康知识等内容。柬埔寨约 80% 的人口生活在农村地区，这两种模式的学前教育深受当地民众的欢迎，发展迅速。社区幼儿园和家庭幼儿园为柬埔寨幼儿发展、保育和学前教育提供了宝贵的机会，保障了学龄前儿童受教育的权利。

（二）国际援助对学前教育的发展起积极作用

发展伙伴和非政府组织在支持柬埔寨学前教育方面发挥了重要作用。联合国儿童基金会一直是社区幼儿园的主要支持者。联合国儿童基金会与政府合作，为学前教育制定管理质量标准，也负责教师培训和家长教育。其他国际组织和非政府组织也配合政府，提供学前教育教师培训、资金和技术等支持。在 2020—2021 学年，327 000 名儿童（165 000 名女孩）在联合国儿童基金会的捐助下接受了不同形式的学前教育，其中约 68 000 名（35 000 名女孩）儿童得到了由联合国儿童基金会和其他教育伙伴支持的社区幼儿园服务，大约 27 500 名儿童进入 1 250 所符合质量标准的社区幼儿园。[1]

二、学前教育的经验

（一）将学前教育纳入发展的重点领域，致力于提高入学率，改善教学质量

柬埔寨政府出台了促进幼儿发展的多项政策和计划，以增加儿童获得学前教育的机会和改善学前教育的质量。国家采取多项措施保障学龄前儿

---

[1] 资料来源于联合国儿童基金会官网。

童就学，如制定学前教育标准，建设标准化的社区幼儿园，向贫困地区提供更多支持，以确保来自贫困家庭的儿童也能够获得高质量的学前教育。政府建立了监测和评价机制，以评估和提高学前教育的有效性，确保不同模式的学前教育具有一定的质量水平，同时，积极投资改善学前教育机构的基础设施，为儿童提供安全舒适的学习环境。

（二）加大与国际组织、其他国家的合作力度，借助国际援助和投资，提高学前教育水平

柬埔寨学前教育发展刚刚起步，在政府资金投入不足的情况下，争取国际组织和其他国家的教育援助有助于柬埔寨学前教育快速发展。柬埔寨加强与欧盟、全球教育伙伴关系组织、联合国教科文组织、世界银行的合作，积极引入外资，规划和分配资源以支持学前教育发展。[1]

第三节 学前教育的挑战和对策

一、学前教育的挑战

虽然柬埔寨的学前教育较过去已经取得了显著的进步，但是仍存在较明显的问题。

---

[1] 资料来源于柬埔寨教育、青年和体育部官网。

（一）学前教育师资力量薄弱

柬埔寨学前教育质量的提高在很大程度上依赖于专业教师的高素质和高水平。然而，目前柬埔寨学前教育教师薪资不高且社会地位不高，这一情况导致柬埔寨很难留住高水平教师在学前教育领域持续任教。

柬埔寨学前教育教师普遍短缺，教师学历普遍不高，教师职前培训要求太低，教师质量参差不齐。合格的幼儿教师在职培训严重不足。柬埔寨整个教育系统中只有一个机构，即幼儿园教师培训中心，负责培训学前教育教师。该机构每年能够接受的培训人数仅为 200 人，很难满足实际需求。目前，柬埔寨公立幼儿园教师的资质要求相对规范，公立幼儿园的任教要求是完成高中教育和 2 年职前教育。但社区幼儿园并不强求教师具有高中学历，教师仅需接受教育、青年和体育部提供的 16 天在职培训；以家庭为核心的家庭学前教育施教育仅得到教育、青年和体育部提供的有限的培训支持。同时，能够为学前教育教师提供职前专业培训的教师也人数不足。[1]

合格和有经验的幼儿园管理人员也存在缺口。在《2014—2018 年国家教育战略规划》《2019—2023 年国家教育战略规划》等教育、青年和体育部的文件中，加强教育系统内各级管理工作已被确定为优先事项。由于学前教育机构的不断增加，幼儿园管理者需要具备比以往更好的领导和管理技能。然而，具有良好管理能力的人才仍然严重短缺。以社区为基础的学前教育尤其处于不利地位，它们由社区委员会管理，因而在专业人员和资源方面更加匮乏。

---

[1] SOKHA O. Early childhood education in Cambodia: current challenges and development trends[M]// MCNAMARA V, HAYDEN M. Education in Cambodia from Year Zero towards international standards. Singapore: Springer Nature Singapore Pte Ltd, 2022: 55-56.

（二）学前教育发展不均衡

受地域、社会、经济等多方因素影响，柬埔寨学前教育在教育质量、教育管理和教育资源上存在着显著差异，城乡差距很大，发展极为不均衡。公立和私立幼儿园大多集中在城市，公立幼儿园在教育、青年和体育部的管理和监督下，能获得更多的人力资源、资金和技术支持；私立幼儿园完全依靠其所有者，拥有更多自主权。但由社区委员会统一管理的社区幼儿园无法从教育、青年和体育部获得财政或其他形式的支持，而以家庭为基础的家庭幼儿园能得到的政府支持就更少。这导致社区幼儿园和家庭幼儿园往往缺乏合格的学前教师、教学质量低下，这加剧了柬埔寨学前教育的不均衡。总体看来，生活在农村和偏远地区的儿童，特别是贫穷和处境不利的儿童，获得优质学前教育的机会非常有限。

（三）学前教育政策落实不到位

《国家幼儿保育发展政策》明确了教育、青年和体育部在领导和监督幼儿保育机构方面的重要作用和职责，教育、青年和体育部则据此制定了政策干预措施。然而，各种因素阻挠了国家政策的落实进展。学前教育管理机构的协调和监督能力有限，导致其管理不连贯和不系统，将各种学前教育方案纳入正规教育系统方面出现延误。此外，由于设施、教学材料不足和财政资源有限，学前教育管理机构的工作目标与其实际成效差距较大，无法提供关于学前教育提供者质量和可持续性、课程和教学方法、评估监测和评价标准的政策指导。[1]

---

[1] 资料来源于柬埔寨教育、青年和体育部官网。

（四）学前教育财政投入不足

2016 年，柬埔寨学前教育部门的财政拨款总额为 6 952 万美元，约占教育预算总额的 9.2%。到 2019 年，这一数字增加到 9 360 万美元。未来几年，学前教育项目开发和运营所需的资金将不断增加，2028 年将达到 1.439 1 亿美元，2030 年将达到 1.554 3 亿美元。[1] 然而拟投资于学前教育部门的资金仍不足以满足扩大后的学前教育需求。公立幼儿园和社区幼儿园，需要更多的资金支持，以更新其基础设施、物质资源、教学材料。此外，柬埔寨还需要建立新的公立幼儿园，以满足越来越多的儿童参加学前教育的需要。[2]

二、学前教育的对策

为了实现《柬埔寨 2030 年教育路线图》中关于学前教育的愿景，柬埔寨政府及各教育部门正视当前面临的困难和挑战，积极改革，促进学前教育发展，增加学前教育供给，以确保学龄前儿童都能享受到优质的教育。

（一）提升学前教育教师数量和水平

拥有合格的、足够数量的学前教育教师对柬埔寨学前教育的发展至关重要。柬埔寨政府不断提高学前教育教师及管理人员的工资待遇，提升他们的社会和经济地位，以吸引更多的从业人员，并将这一目标作为政府的

---

[1] 资料来源于柬埔寨教育、青年和体育部官网。

[2] SOKHA O. Early childhood education in Cambodia: current challenges and development trends[M]// MCNAMARA V, HAYDEN M. Education in Cambodia from Year Zero towards international standards. Singapore: Springer Nature Singapore Pte Ltd, 2022: 59-60.

政策优先事项之一。

柬埔寨政府制定学前教育教师标准，标准内容涵盖学前教育教学所要求的学科和知识、教学技能、对儿童的照顾和态度、终身学习技能、职业道德等。学前教育教师标准包括教师招聘、教师发展、教师培训，以及教师评估等方面。

此外，柬埔寨政府积极借鉴其他国家的做法，设定学前教育教师准入资格，规定学前教育教师的最低学历，并要求从业人员具有国家颁发的学前教育教师资格证书，方可从事学前教育。

（二）完善学前教育政策，提升教育部门管理水平

教育、青年和体育部制定和完善学前教育和幼儿保护的法律法规、教育政策，统一学前教育的机构、教学设施、学习材料、教学方法、学习目标、评估监测等标准，制定学前教育的国家质量标准框架，所辖部门加强对学前教育质量的监管力度。加强相关部门的管理能力，提升管理效率，制定各级部门协调配合方案。不断加大向幼儿园园长、社区委员会等提供专业培训和指导的力度，努力提高学前教育机构的领导和指挥能力。公立学校实施校本管理已被确定为实现《柬埔寨 2030 年教育路线图》的路径之一。校本管理也适用于公立幼儿园。

（三）加大学前教育投资力度，完善教育基础设施建设，改善幼儿学习环境

柬埔寨政府积极改善学前教育的基础设施，加大投资力度，为学龄前儿童创造一个健康和友好的学习环境，从而使更多儿童能够接受学前教育。同时，政府加大预算，增加对学前教育的投入，推动学前教育发展。

第五章 基础教育

柬埔寨政府重视教育对个人和社会进步的重要作用，认识到国家发展的理想途径是大力发展教育。基础教育逐渐被视为减少贫穷、改善生活方式和实现国家发展的手段。在柬埔寨，基础教育的一般定义是指正规教育系统中的九年学校义务教育。但本章节内容不仅包括柬埔寨宪法规定的小学和初中九年学校义务教育，还包括高中阶段教育。

第一节 基础教育的发展和现状

一、基础教育的发展历程

最初，柬埔寨主要依靠僧侣传授佛教教义、基础文化知识和生活卫生常识。经过千余年的发展，佛教教育设有符合时代发展的、自初等教育到高等教育的课程，直至今日，佛教教育仍是柬埔寨教育体系中的重要组成部分，为很多落后和偏远地区的儿童提供基本的教育。而法国殖民统治打破了柬埔寨传统的教育方式，西方的教育理念使柬埔寨基础教育领域发生了巨大变化，柬埔寨逐渐建立起现代基础教育。

西哈努克时期，柬埔寨政府对教育的投入主要集中在基础教育方面，积极提升适龄儿童的入学率。朗诺政变和红色高棉统治时期是柬埔寨教育的灾难时期。绝大多数的中小学在战火中被摧毁，很多学生、教师、教育管理人员死于战争。20 世纪 80 年代后，柬埔寨历任政府都把重建教育机构列为首要任务，中小学学制几经变化。1979—1986 年，采用 4 年小学 +3 年初中 +3 年高中的学制来培养学生；1986—1996 年，采用 5 年小学 +3 年初中 +3 年高中的学制来培养学生；1996 年至今，采用 6 年小学 +3 年初中 +3 年高中的学制来培养学生。1996 年以前，基础教育为 6 年，即小学阶段；1996 年后，基础教育为 9 年，即小学和初中阶段。政治冲突、持续内战严重削弱了柬埔寨的基础教育发展进程，教育体系设计不当、管理人员能力水平不足、政治不确定性，以及经济萧条都对这一时期基础教育发展产生了负面影响。

2007 年，柬埔寨颁布了《教育法》，《教育法》规定：普通教育应包括初等教育（第一级教育，包括正规教育计划的一至六年级）和中等教育（第二级教育，包括七至十二年级或同等教育水平）。中等教育由两个阶段组成，第一阶段是初中教育，包括七至九年级，第二阶段是高中教育，包括十至十二年级）。普通教育提高学习者的智力和身体能力，使学习者获得知识和基本技能，使他们的思想品质得到提高。《教育法》规定，基础教育包括一至九年级的正规普通教育或同等水平的教育。

进入 21 世纪以来，柬埔寨基础教育得到了迅速发展。政府及其发展伙伴对基础教育行政人员能力建设、教师培训、普及初等教育、优化基础设施进行了大量投入，在基础教育入学率、设施建设、教师职前教育、课程开发方面取得了不错的成绩。

《柬埔寨 2030 年教育路线图——可持续发展目标 4》中对基础教育阶段提出愿景：所有学生都能完成九年免费、公共资助、包容、公平和优质的基础教育（小学和初中），获得实用的识字和算术技能，以及学科知识、认知和非认知技能，能够充分发挥潜力。

二、基础教育的现状

（一）教学目标

2004 年，新版《国家课程》颁布。新版《国家课程》旨在提供与本地学生相关的特定生活技能训练，进一步培养学生的自信和责任感。2006 年，教育、青年和体育部颁布了涵盖一至九年级的新版《基础教育课程》。新版《基础教育课程》规定了要教给学生的技能：为生活提供坚实基础的必要技能；确定未来职业的基本技能。教育、青年和体育部在 2016 年完善了基础教育课程框架，在 2018 年修订了各级课程大纲。课程大纲分为三个不同的教育水平，其中，初等教育的时间要求是每年 1 050 小时，每周 30 小时；初中教育是每年 1 400 小时，每周 40 小时；高中教育是每年 1 400 小时，每周 40 小时。在基础教育阶级，课程大纲注重培养学生成为一个好人，这对个人、家庭、社区、国家和世界都很有益。[1]

基础教育的目的是实现学校教育目标，以便学生能够在更高层次学习、参加职业培训或参与社会生活。基础教育要确保每个学生都获得：高棉语和数学知识、对国家身份的认识、对道德和公民责任的理解；参与当地社区生活和柬埔寨社会的日常生活技能、对自然世界和科学原理的基本了解、外语交际能力，产生民族和公民自豪感，具备较高的道德和伦理标准。

初等教育的目标是提高儿童的心智水平，培养儿童的个性，使儿童掌握阅读、写作、口语、听力和算术知识，使其能够解决他们眼前的问题，

---

[1] 资料来源于柬埔寨教育、青年和体育部官网。

并热爱学习和劳动。通过学习，使儿童成为对社区有用的成员，或到更高年级继续学习。一至三年级课程的目的是确保每个儿童在识字和数学方面打下坚实的基础，并培养他们的道德理解能力、学习技能、生活技能、艺术特长（歌曲、绘画、舞蹈、音乐）等。四至六年级课程的目的是巩固和增强学生对高棉语、数学、学习技能、生活技能、道德和个人发展的知识和理解，使他们能够终身学习，并向他们介绍科学和社会研究领域的内容。其中，艺术教育被包含在社会研究中。

柬埔寨中等教育的目标如下。第一，使柬埔寨的年轻人具备学科知识、21 世纪的技能（包括至少一门外语）、良好的公民价值观和道德品质，使他们在柬埔寨社会向知识经济发展方式过渡的过程中成为有用的成员。第二，为所有柬埔寨青年提供平等地接受优质中等教育的机会，不论其性别、社会地位、居住地、民族、语言和宗教信仰如何。第三，开辟和扩大中等教育学生进入高等教育、职业教育或直接就业的途径。

（二）教育规模

1．小学

小学教育是柬埔寨教育的重中之重，担负着提升全民综合素质的重任。2000 年的第一轮教育改革调整了教育系统投资的重点，增加了扶贫战略和需求方干预措施，如提供奖学金、取消学费、启动学校早餐计划。需求方干预措施的特点是注重刺激服务接受者的教育需求。这些措施的成功实施极大地提高了小学学龄儿童的入学率。

小学数量呈现逐年增长态势。图 5.1 显示了 2000—2022 年柬埔寨公立小学数量的变化趋势。2016—2017 学年，柬埔寨有 7 144 所公立小学，比 2015—2016 学年增加了 59 所；同期有 417 所私立小学。2020—2021 学年，柬埔寨有 7 304 所公立小学，比 2019—2020 学年增加了 22 所；同期有 539 所私立小学。2000—2022 年，柬埔寨全国新建 2 383 所小学，其中公立校 1 838 所。[1]

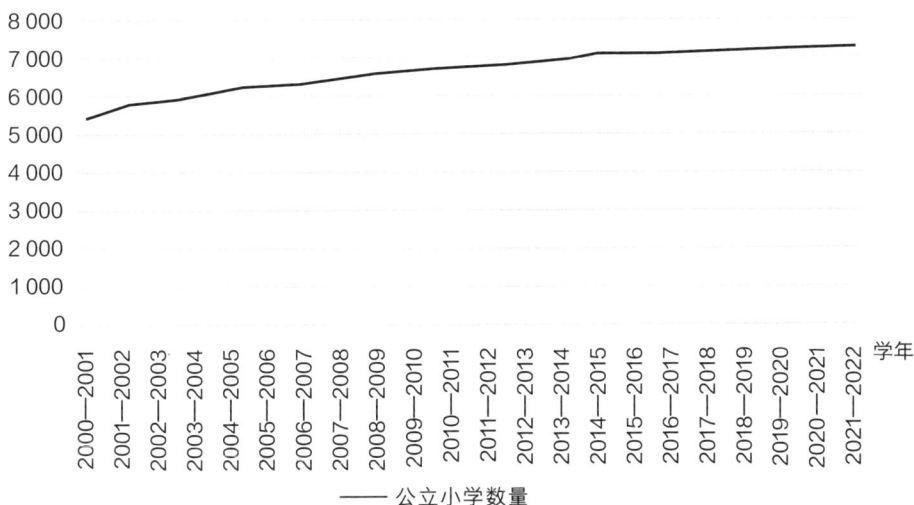

图 5.1 2000—2022 年柬埔寨公立小学数量（单位：所）

2016—2017 学年，柬埔寨共有 2 022 061 名公立小学学生，比上一学年增加了 11 388 名学生；该学年私立小学的学生人数为 89 570 人；该学年总净入学率为 95.1%，其中公立小学的净入学率为 91.0%，私立小学的净入学率为 4.1%。2020—2021 学年，公立小学学生 2 010 286 人，私立小学学生 118 436 人；总净入学率为 87.4%，公立小学净入学率为 91.9%。[2]

此外，柬埔寨关注残疾学生的基础教育需求。第一种方式是在残疾行动委员会的支持下，教育、青年和体育部于 2000 年在一所集群学校[3] 试行了残疾儿童全纳教育项目。截至 2008 年，该项目扩大到 14 所集群学校和

---

[1] 资料来源于柬埔寨教育、青年和体育部官网。

[2] 资料来源于柬埔寨教育、青年和体育部官网。

[3] 集群学校是柬埔寨政府为学校能够汇集教育资源来支持教育教学工作所采用的一种办学方法。集群学校通常由 1 所资源较好的核心学校和 5—6 所卫星学校组成，是一种实现资源共享、促进教育发展的有效工作机制。

80 所普通学校，培训了 824 名教师。此外，柬埔寨还在 12 个省为听障和视障学生开设了 42 个综合班级。第二种方式是为残疾儿童建立特殊教育学校。自 2018 年起，由非政府组织运营的 5 所残疾儿童学校和 1 所特殊教育培训机构移交给教育、青年和体育部监管。这 5 所残疾儿童学校在 2018—2020 年每年招收约 700 名学生，其中约 170 名学生为视障，其余为听障。每所特殊教育学校大约有 30 名教师，国家特殊教育学院负责为其培训教师。[1]

　　同时，柬埔寨还在腊塔纳基里省、蒙多基里省、桔井省、上丁省等地的多所学校实施多语言教育方案，向多语教师提供教师指南、多语种课堂教学方法培训、课程计划和课堂管理培训。

　　在过去二十年的大部分时间里，柬埔寨的小学教育入学率保持性别平衡。21 世纪初，男生入学人数多于女生。自 2014 年以来，入学的女生人数超过男生。到 2020 年，性别差异指数为 1.01，表明男孩和女孩的入学率差异较小。在城乡差异方面，由于柬埔寨政府不断加大对农村地区的小学教育投资力度，偏远地区的公立小学净入学率急剧上升，从 2000 年的 62.3% 上升到 2008 年的 90.3%，到 2012 年达到 99.9%，到 2019 年小幅降至 94.5%。但城市的公立小学净入学率急剧下降，到 2019 年降至 77.2%。最可能的解释是，生活在城市地区的富裕家庭开始让子女就读私立小学。[2] 到 2019 年，私立小学学生约占小学学生总数的 6.4%。[3]

　　柬埔寨公立小学在数量、规模和学生人数方面远超私立小学。近年来，政府通过各种措施鼓励私立教育机构的发展，私立学校在初等教育部门的作用不断扩大，私立小学的学校数量和学生人数明显提升，这符合在教育供给方面促进公私伙伴关系的公共政策。表 5.1 显示了柬埔寨 2013—2022

---

[1] 资料来源于柬埔寨教育、青年和体育部官网。

[2] FATA N, SAY S. Primary education in Cambodia: in search of quality[M]//MCNAMARA V, HAYDEN M. Education in Cambodia from Year Zero towards international standards. Singapore: Springer Nature Singapore Pte Ltd, 2022: 75-118.

[3] 资料来源于柬埔寨教育、青年和体育部官网。

年的公私立小学数量以及学生人数。[1]

表5.1 2013—2022年柬埔寨公私立小学数量以及学生人数

学年	小学				学生			
	数量 / 所		比例		数量 / 人		比例	
	公立学校	私立学校	公立学校	私立学校	公立学校	私立学校	公立学校	私立学校
2013—2014	6 993	243	96.6%	3.4%	2 073 811	54 822	97.4%	2.6%
2014—2015	7 051	297	96.0%	4.0%	2 012 175	73 794	96.5%	3.5%
2015—2016	7 085	357	95.2%	4.8%	2 010 673	95 230	95.5%	4.5%
2016—2017	7 144	417	94.5%	5.5%	2 022 061	89 570	95.8%	4.2%
2017—2018	7 189	432	94.3%	5.7%	2 028 694	111 798	94.8%	5.2%
2018—2019	7 228	488	93.7%	6.3%	2 040 257	122 886	94.3%	5.7%
2019—2020	7 282	574	92.7%	7.3%	2 023 473	137 637	93.6%	6.3%
2020—2021	7 304	539	93.1%	6.9%	2 010 286	118 436	94.4%	5.6%
2021—2022	7 306	655	91.8%	8.2%	2 036 566	130 586	94.0%	6.0%

柬埔寨政府致力于普及初等教育。2013—2022年，净入学率稳定在95%以上。辍学率从2013—2014学年的10.5%下降到2019—2020学年的5.3%。全国小升初的升学率从2013—2014学年的76.8%上升到2019—2020学年的

---

[1] 资料来源于柬埔寨教育、青年和体育部官网。

85.0%，其中城市学生升学率为 96.2%，农村为 82.8%。男生的小升初升学率为 81.5%，女生的小升初升学率为 88.5%。[1]

2．中学

20 世纪 90 年代，柬埔寨政府主要关注初等教育的发展。1996 年政策变化，首次强调了扩大中等教育投资的必要性，将初中教育（即七至九年级）纳入基础教育范围，并通过宪法保障柬埔寨学生免费接受基础教育的权利。21 世纪初，柬埔寨政府及其发展伙伴开始增加对中等教育部门的投资，努力扩大中等教育的覆盖面，农村地区中学数量明显增加。

中学教育机构的数量和入学人数逐年增长。2013—2014 学年，柬埔寨有 1 688 所中学，其中初中 1 244 所，初中学生总数为 538 626 人，女生约占 49.7%，毛入学率为 55.3%；高中 444 所，高中学生总数为 266 293 人，女生约占 47.7%，毛入学率为 26.0%。这些中学中，有 122 所是私立中学，包括 35 所私立初中，87 所私立高中。2016—2017 学年，柬埔寨共有 1 731 所中学，包括 1 245 所初中和 486 所高中。初中的毛入学率为 57.6%。公立初中有 585 971 名学生，较上一学年增加了 27 350 名学生；私立初中有 22 984 名学生。高中教育的毛入学率为 26.5%。公立高中共有 279 480 名学生，较上一学年增加了 13 031 名学生，私立高中有 17 244 名学生。2021—2022 学年，全国共有 1 812 所公立中学，其中初中 1 253 所，学生 662 106 人；高中有 559 所，学生 360 617 人。图 5.2 展示了 2015—2022 年柬埔寨中等教育公立学校学生增长情况。表 5.2 以 2019—2020 学年的教育数据大体说明柬埔寨中等教育情况。[2]

---

[1] 资料来源于柬埔寨教育、青年和体育部官网。

[2] 资料来源于柬埔寨教育、青年和体育部官网。

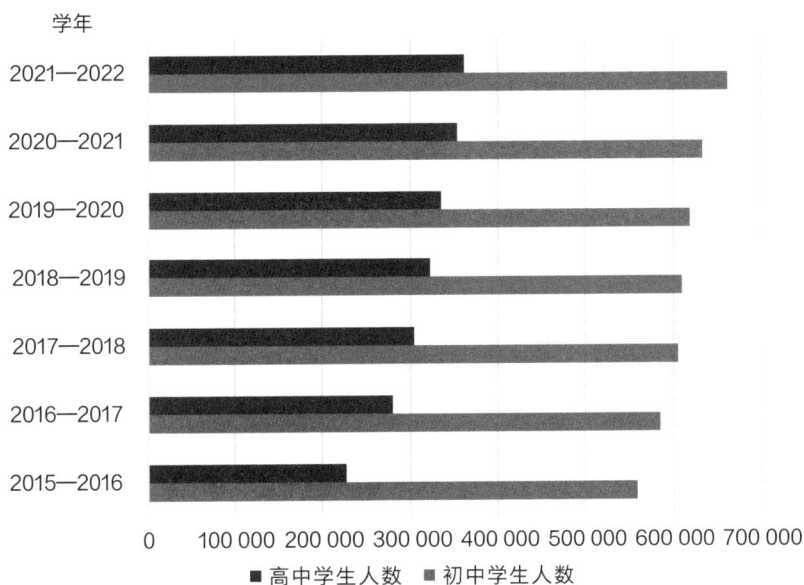

图 5.2 2015—2022 年柬埔寨中等教育公立学校学生人数增长情况

表 5.2 2019—2020 学年柬埔寨中等教育情况

指标	学校类型	初中	高中
毛入学率	公立学校	56.6%	28.9%
	私立学校	3.3%	2.0%
净入学率	公立学校	45.7%	23.0%
	私立学校	2.9%	2.1%
学生人数 / 人	公立学校	618 968	334 712
	私立学校	36 087	23 841
学校数量 / 所	公立学校	1 757	544
	私立学校	254	171

续表

指标	学校类型	初中	高中
教师数量 / 人	公立学校	27 738	15 159
	私立学校	5 318	
生师比	公立学校	22.3∶1	22.1∶1
性别比	公立学校	1.2∶1	1.3∶1

（三）公立学校自治（"新一代学校"改革）

尽管柬埔寨政府提高了基础教育入学人数，让几乎每个儿童都能接受小学教育，但柬埔寨正面临一场学习质量危机，这需要立即采取系统的解决办法。2015年，柬埔寨政府启动了旨在实现公立学校自治的"新一代学校"改革，旨在培养学生成为适应21世纪的合格劳动力。[1]"新一代学校"改革重点内容有四个方面，一为实现学校体制改革，采取了赋权与问责并行的管理方式；二为推动教师改革，构建了能力与质量并重的教师专业化发展制度；三为促进课程改革，打造了高标准、国际化的学科与教学体系；四为加强学习环境改革，创设了信息化的现代校园。2016年，柬埔寨政府出台《"新一代学校"改革官方政策指南》，从国家教育战略层面制定政策框架和认证指南，提出具体改革操作建议。"新一代学校"可根据实际需要自行拟订本校的教育方案，进而实现可持续发展。

在《2019—2023年国家教育战略规划》开始实施时，基础教育学段有5所"新一代学校"。这5所"新一代学校"具备了现代化教室、科学实验室、21世纪图书馆、信息与通信技术实验室等先进硬件设施，并通过取消私人教师收费等一系列举措践行其高标准办学的理念。截至2023年6月，"新一代学校"包括6所中学和4所小学，"新一代学校"在校注册人数达到

---

[1] 资料来源于柬埔寨教育、青年和体育部官网。

9 187 人，设在金边国家教育学院的新一代教育研究中心负责培训专职教师。"新一代学校"在提升学生学业成绩、发展学生综合素养方面成绩显赫。根据《"新一代学校"2022 年度报告》，全国基础二级考试通过率达到 82%，比全国平均水平高出 19%，其中得分为 A、B 和 C 的考生人数占全国所有学生的 43%，一年级小学生文字阅读水平超过全国平均水平 8 倍，口头朗读流利程度高出 25 倍；大学升学率达到了 84%。[1]

柬埔寨政府为"新一代学校"改革设置专项资金，并拓宽国际组织、企业、基金会、家长会等筹资渠道。教育、青年和体育部对"新一代学校"寄予厚望，期待通过此次改革建立起有效的公共教育系统，促进学校创新与提高教育质量。[2]

第二节 基础教育的特点

柬埔寨政府非常注重基础教育的发展，适时评估教育政策，及时调整应对，实现教育发展新常态。教育、青年和体育部与相关部委、机构和发展伙伴合作，制定必要措施，以高度责任感和专业精神推动崇高的教育事业快速发展。

一、具有明确的教育目标

柬埔寨政府致力于发展全民教育，努力建立包容和公平的优质教育，加大支持力度，小学和中学数量都稳步增加。适龄学生接受基础教育的机

---

[1] 资料来源于柬埔寨教育、青年和体育部官网。

[2] 尹雅丽，马早明. "新一代学校"：柬埔寨公立中小学校改革新动向 [J]. 比较教育学报，2021（8）：31-46.

会也在不断增加。小学的入学率达到 95% 以上，中学的入学率也在上升，且辍学率下降。基础教育阶段的全纳教育有序推进，这为残疾儿童提供了接受教育的机会。教育、青年和体育部批准并实施了多语言教育国家行动计划，将 80 所多语言社区学校纳入公立学校，并计划将土著语言的课程数量从 5 门增加到 6 门。

《柬埔寨 2030 年教育路线图》明确了柬埔寨的教育目标、原则和方向，要求加强机构统计分析能力，加强政策研究，为基础教育领域制定相应的战略改革框架。柬埔寨政府颁布了《柬埔寨 2030 年中学教育蓝图》和五个《国家教育战略规划》。

二、通过合作融资提升教育水平

为了实施《2019—2023 年国家教育战略规划》，教育、青年和体育部一直寻求国际合作，以提高柬埔寨基础教育基础设施建设能力，提升教育质量。由亚洲开发银行支持的高中教育发展计划分阶段（2017—2021 年和 2019—2024 年）向柬埔寨政府提供 4 500 万美元和 5 000 万美元的贷款，[1] 旨在提高高中入学率；提高高中教育的质量和针对性；加强提供教育服务的机构的能力；加强管理能力；提高高中教师质量；提高高中教育的就业市场应对能力。

由世界银行支持的中学教育改进项目总预算为 4 000 万美元，执行期为 2017—2022 年。该项目的重点是改善中学的硬件条件、提高初中教师资质、加强校本管理。全球教育伙伴关系组织的预算为 2 060 万美元，执行期为 2018—2022 年，旨在提高低年级阅读评估水平和低年级数学评估水平。

---

[1] 资料来源于柬埔寨教育、青年和体育部官网。

第三节　基础教育的挑战和对策

虽然柬埔寨在扩大基础教育的机会方面取得了让人瞩目的进展，但在教育质量和公平方面仍然存在巨大挑战。柬埔寨政府积极出台多项政策来应对这些挑战。

一、基础教育的挑战

（一）教育质量低下

较高的小学净入学率和完成率并不一定意味着较好的教育质量。为了根据国家课程标准衡量学生的学习进度，教育、青年和体育部周期性地对部分年级进行全国性学习评估。全国性学习评估包括早期阅读评估和早期数学评估。2015 年，柬埔寨第一个早期数学评估结果显示，一年级、二年级和三年级的学生对数学概念的理解情况不佳，但能够回答与解决程序相关的问题。由于学生缺乏这种理解能力，他们六年级的学习情况不佳，特别是在分数、小数、百分比和几何形状等问题上理解情况欠佳。柬埔寨还加入了国际学生发展评估项目（Programme for International Student Assessment for Development，以下简称 Pisa-D）。多项评估数据显示，柬埔寨中小学生的学习质量仍然很低。根据 2018 年 Pisa-D 评估结果，15 岁学生中只有 8% 的受试者在阅读方面达到最低熟练程度，只有 10% 的受测者在数学方面达到最低熟练程度。[1] 在联合国教科文组织与东南亚教育部长组织联合发布的《SEA-PLM 2019 主要区域报告：6 个东南亚国家的儿童学习》中，柬埔寨只

---

[1] 资料来源于柬埔寨教育、青年和体育部官网。

有 11% 的五年级学生的阅读能力达到了《柬埔寨 2030 年教育路线图——可持续发展目标 4》所规定的小学毕业水平，只有 19% 的五年级学生达到或超过《柬埔寨 2030 年教育路线图——可持续发展目标 4》的要求。[1] 这些结果意味着，在柬埔寨，受教育时长并不能完全等同于具备相应的学习水平。[2]

小学升初中以及初中升高中的比例大幅下降，七年级和九年级新生人数锐减。在九年义务教育中，只有 60% 的学生接受了初中教育，而进入高中教育的学生更是不足 30%。[3] 提高初高中入学率，维持各阶段教育的平衡是优化教育结构、实现教育现代化的重要努力方向。

（二）师资力量不足

在基础教育阶段，柬埔寨平均每 44 名学生拥有 1 名教师，是东盟各国中生师比最高的国家之一。生师比过高会导致教学效率低下。在教师资质方面，80% 的小学教师最高学历为高中，中学阶段最高学历为高中的教师人数占比近 50%，教师队伍的普遍低学历情况严重影响了基础教育的质量。[4]

（三）教育发展欠公平

虽然柬埔寨实行免费义务教育，但儿童的学习成果因家庭、社会经济地位等情况的不同而有很大差异。农村地区和城市地区差异显著，农村地区的教室往往过于拥挤，校舍更加破旧，教育水平低下。2016 年的调查显

---

[1] 资料来源于联合国儿童基金会官网。

[2] FATA N, SAY S. Primary education in Cambodia: in search of quality[M]//MCNAMARA V, HAYDEN M. Education in Cambodia from Year Zero towards international standards. Singapore: Springer Nature Singapore Pte Ltd, 2022: 75-118.

[3] 资料来源于柬埔寨教育、青年和体育部官网。

[4] 资料来源于柬埔寨教育、青年和体育部官网。

示，城市地区 62% 的六年级学生的高棉语达到熟练或高级水平，而在农村地区，只有 35% 的学生达到熟练或高级水平。城乡差距相当于 1 年以上的学校教育。社会经济不平等也加剧了教育的不公平。家境较为富裕的家庭会给孩子额外补课，或选择私立学校上学。Pisa-D 调查结果显示，私立学校的 15 岁学生在阅读、数学和科学三个领域的表现均优于公立学校。[1]

（四）教育基础设施薄弱，教学资源短缺

柬埔寨的国家教育支出从 2014 年的 3.347 亿美元增加到 2020 年的 8.277 亿美元。[2] 虽然教育支出大幅提升，但落实到基础设施建设的预算非常有限。很多学校缺乏图书馆、校舍等基础设施，教学设备落后，有的学校甚至缺少教材和教学资源，这都严重影响了教学效果。

二、基础教育的对策

《2014—2018 年国家教育战略规划》提出，教育质量受教师和学校校长水平的影响，政府要确保所有教育服务都能被公平获取。

（一）加大教师培训力度

2015 年颁布的《教师政策行动计划》对教师资格以及职业行为准则提出了明确的要求，通过加大对教师培训机构的支持力度，将早期阅读、数学、校本培训纳入教师培训学院和高等教育学院的教师培训课程，加强教

---

[1] 资料来源于柬埔寨教育、青年和体育部官网。

[2] 资料来源于柬埔寨教育、青年和体育部官网。

师培训机构的治理工作，号召中小学教师开展研究并锻炼批判性思维和创造性思维能力，探索最新教学方法，积极学习教育学、心理学等，不断提高课堂管理能力和业务水平。

此外，政府推动校本管理培训项目以提高教育管理者的任职资格，提升学校行政人员的领导能力、解决问题的沟通和创新能力。政府为教师提供培训支持，增加教师获得在职学习的机会；优化职前教师教育课程，革新信息通信技术，确保为所有学校的所有学科领域提供合格和训练有素的教师。

在各部门的努力下，柬埔寨基础教育阶段教师数量增加。图 5.3 展示了 2012—2022 年公立中小学教师的数量。[1]

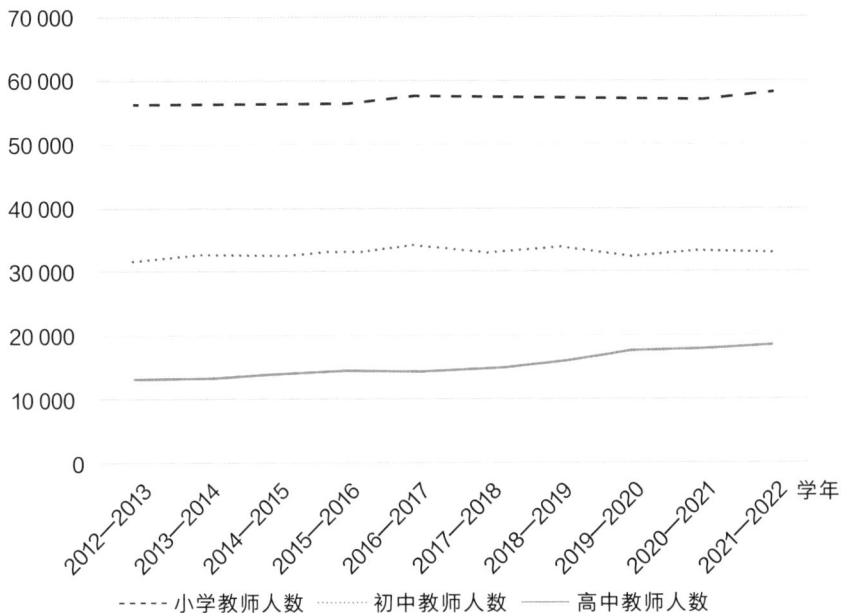

图 5.3 2012—2022 年柬埔寨公立中小学教师人数

教师的专业素养对学校的教学质量至关重要，特别是对学生的成绩和升学率、复读率、辍学率有很大影响。柬埔寨教育、青年和体育部越来越

---

[1] 资料来源于柬埔寨教育、青年和体育部官网。

重视基础教育阶段教师的学历水平，并对小学、初中和高中教师分别做出不同的职前培训要求。图 5.4 和图 5.5 分别展示了小学和中学教师的学历水平。2021—2022 学年，柬埔寨小学教师中只有小学学历的人数为 1 613 人，初中学历 9 417 人，高中学历 24 928 人，本科学历 8 800 人，研究生学历 383 人，其中有 9 人拥有博士学位。中学教师中只有小学学历的为 899 人，初中学历 4 735 人，高中学历 15 433，本科学历 20 973 人，研究生学历 1 910 人，其中有 26 人拥有博士学位。[1]

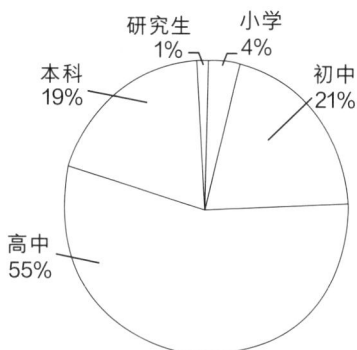

图 5.4 柬埔寨小学教师的学历水平分布

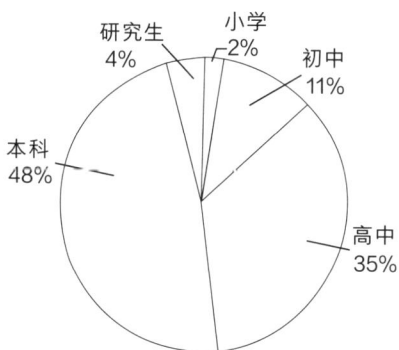

图 5.5 柬埔寨中学教师的学历水平分布

[1] 资料来源于柬埔寨教育、青年和体育部官网。

1993 年以前，被任命小学教师的条件是成功完成初中教育，并在 1991年以前接受 1 年的教学培训，1991 年以后接受 2 年的教学培训。1993 年以后，成为小学和初中教师的条件是完成高中教育后再进行 2 年的职前培训，即 12+2 模式。1995 年以后，柬埔寨政府规定，成为高中教师的要求是完成高中教育后再进行 4 年的职前培训，即 12+4 模式。1996 年以来，柬埔寨引入了同等学习年限的高中教师双轨系统：12+4 模式或学士 +1 模式。

2019—2020 年，在《教师政策行动计划》的指导下，柬埔寨颁布一项新的基础教育教师培训计划，由金边教师培训学院为职前教师提供教师培训。柬埔寨政府通过提供教师住房、远程津贴等措施，鼓励完成教师培训的人员到教师数量不足的学校任教，以缓解边远和贫困地区教师严重缺乏的情况。

（二）增加财政预算支持

柬埔寨政府努力提高教育预算占比。联合国教科文组织建议各国政府在教育上至少花费国家预算的 20%。2014 年，柬埔寨教育支出为 3.35 亿美元，不到国家总预算的 10%；2018 年，柬埔寨的教育支出为 8.48 亿美元，约占国家总预算的 14%。[1] 柬埔寨政府对基础教育增加的财政预算支持主要体现在以下三方面。第一，柬埔寨政府增加用于中小学教师在职培训的财政预算，设计从基础到高级水平的知识、技能和态度培训框架。第二，加大对农村和偏远地区的公立中小学的投资，进一步缩小教育差距，确保更多的学生获得公平优质的基础教育。第三，加大对基础教育设施的投资，改善学校硬件条件，在图书资料、文体器材、实验设备、信息化设备等教育资源配备上实现城乡平等，让城乡学校在教育教学现代化，尤其是信息化和智能化程度上处于同一平台，使学生能够拥有舒适的学习环境。

[1] 资料来源于柬埔寨教育、青年和体育部官网。

（三）加强学生学习表现评估

　　柬埔寨政府致力于改善其人力资源，优化教育质量，以适应未来国家发展需要。政府在《2019—2023 年国家战略发展计划》和《2015—2025 年产业发展政策》中对教育质量问题做出承诺。教育、青年和体育部在 2018 年发布的修订版《课程框架》和《2019—2023 年国家教育战略规划》，以及 2019 年发布的《柬埔寨 2030 年教育路线图》中，确定提升教育质量为发展计划的重中之重。柬埔寨加强了对中小学阶段的教学评估，在学校层面推广绩效评估框架，制作标准试题用以对学生的学习效果展开标准评估，以多种形式提升中小学教育质量。

　　柬埔寨基础教育的发展已经取得了长足的进步，在严酷战争摧残和资源严重短缺的情况下，几乎所有的小学适龄儿童现在都能接受初等教育，这是了不起的成就。但柬埔寨在提高基础教育质量和公平性方面仍面临挑战。为此，柬埔寨政府采取了更具战略性、参与性和系统性的干预措施和国家规划，在各级教育机构、教师、家长的配合下，推动柬埔寨基础教育的快速发展。

第六章　高等教育

　　柬埔寨"四角战略"第四阶段将人力资源开发提高到优先发展高度。高等教育被视为促进人力资源发展的重要抓手。[1] 柬埔寨教育、青年和体育部致力于提高高等教育的质量和增加其被公平获得的机会，从而培养具有社会竞争力和社会责任感的人才。

　　2007 年，柬埔寨《教育法》规定，高等教育或第三级教育是指在中等教育之后，由高等教育机构提供的教育。高等教育应促使学习者拥有完整的人格和个性，提升个人的科学、技术、文化和社会研究水平，促进个人在知识、技能、道德、发明和创新思想、企业精神等方面获得提升，从而促进国家发展。柬埔寨高等教育机构有两种类型——大学和研究所。高等教育机构的入学要求应由教育、青年和体育部确定。

　　柬埔寨高等教育利益相关者主要包含四个群体：政府、发展伙伴、高等教育机构和私营部门。柬埔寨高等教育决策权集中在政府高层，遵循自上而下的分层治理架构与协调机制。但柬埔寨政府也一直在尝试高等教育私有化改革，给予高等教育机构一定程度的自治权，提高教育质量。柬埔寨政府对高等教育的重视程度不断提升，出台了一系列政策法规，制定了长期战略规划，不断增加投资力度，构建了系统化的高等教育治理体系。

---

[1] 资料来源于柬埔寨外交与国际合作部官网。

柬埔寨高等教育虽然起步较晚，但进入 21 世纪以来呈现出蓬勃向上的发展态势。

第一节 高等教育的发展和现状

一、高等教育的发展历程

柬埔寨高等教育起步于辉煌的吴哥帝国时期，彼时，柬埔寨有两所大学，分别位于柏威夏汗寺和塔普罗姆寺。[1] 寺庙在发展教育、举办文化和创新活动方面发挥了重要作用。15 世纪，吴哥帝国衰落后，柬埔寨高等教育机构因战争、周边国家入侵而被摧毁。

在法国殖民统治时期，法国试图将柬埔寨的传统教育体系转变为西方教育体系，在全国各地建立了许多公立小学和中学。但在这一时期，高等教育并没有受到重视，国内只有几所高等教育机构，仅有一小部分精英能够前往法国或越南的法国大学学习。法国政府将高等教育作为"分类机器"，从基础教育中招收最优秀的学生接受高等教育，以便为殖民政府配备大量现代化的、有能力的公务员。[2]

西哈努克时期是柬埔寨现代教育体系快速发展的重要时期。独立后，西哈努克亲王努力推动教育事业的整体发展。柬埔寨先后建立了国家法律政治经济学院（1953 年）、王家医学院（1953 年）、王家公共管理学

---

[1] SAM R, AHMAD N M Z, HAZRI J. Cambodia's higher education development in historical perspectives (1863—2012)[J]. International journal of learning & development, 2012(2): 224-241.

[2] SAM R, AHMAD N M Z, HAZRI J. Cambodia's higher education development in historical perspectives (1863—2012)[J]. International journal of learning & development, 2012(2): 224-241.

院（1956 年）、国家教育学学院（1958 年）、文学和人文研究学院（1959 年）、科学和技术学院（1959 年）、国立商业学院（1959 年）、王家高棉大学（1960 年）等高等教育机构。1965 年，王家技术大学、王家艺术大学、磅湛省王家大学、茶胶贡布王家大学、王家农业大学、人民大学成立。1967 年，马德望王家大学成立。柬埔寨大多数高等教育机构都使用法语作为教学语言。高等教育机构的入学人数从 1953 年的约 200 名学生迅速增加到 1970 年的 5 753 名学生。[1] 这是柬埔寨高等教育史上的巨大成就。

1970 年，柬埔寨陷入冷战，随后近 30 年社会动荡不安，高等教育也经历了重创。1970—1975 年为朗诺统治时期。这一时期，虽然政府将发展教育视为国家发展的优先事项，但意识形态争端、冷战等问题导致高等教育发展缓慢，质量低劣。1975—1979 年，波尔布特统治时期，柬埔寨教育遭到了致命打击，学校被摧毁，大量柬埔寨知识分子丧生。1979—1991 年，战争蔓延，高等教育机构完全依赖于友好协议国家的财政和技术支持。柬埔寨当时的高等教育组织架构与苏联类似。苏联和越南均向柬埔寨派出高校教师。在此期间发展起来的高等教育机构由各部委分别管理，这意味着高等教育机构的管理权和监督权分散，效率低下，但这一治理模式被沿用至今。

1991—1997 年，是柬埔寨高等教育机构改革、重组和发展的新时期。1993 年大选后，柬埔寨王国政府成立，王国政府宣布致力于发展人力资源。联合国、亚洲开发银行等国际组织帮助柬埔寨制定了"国家复兴和发展柬埔寨方案""教育和人力资源部门管理能力建设"等多项战略发展计划，以期恢复柬埔寨教育。柬埔寨政府在 1997 年出台的两项主要政策改变了高等教育模式。第一，政府允许公立高等教育机构收取学费。第二，政府允许私营部门投资高等教育，允许创办私立大学。1997 年，柬埔寨第一所私立大学——诺顿大学成立。在此之前，柬埔寨高等教育一直由国家免费提供。

---

[1] 金苏. 柬埔寨教育史 [D]. 南宁：广西民族大学，2021.

由于政治不稳定和长期内战，这一时期的柬埔寨高等教育发展十分缓慢，存在许多问题，落后于本地区的其他国家。

内战结束后，柬埔寨政府敏锐地意识到通过高等教育系统培养具有丰富知识和扎实技能的人才对提升国家国际竞争力的重要意义。1998 年，管理和经济大学和国家技术培训学院成立，1999 年，柬埔寨国际大学成立。随着市场经济的发展，大学可以创造商业利润的想法开始盛行。高等教育机构数量急剧增长，私立高等教育机构的比重增加。在短时间内，私立高等教育机构数量快速增加的原因如下。第一，公立高等教育机构的低工资导致越来越多的大学教师转至提供高薪的私立高等教育机构。第二，柬埔寨年轻学者和年长学者之间的教育观念和政治意识形态冲突导致年轻学者转向私立高等教育机构。第三，在柬埔寨成为东盟成员和加入世贸组织后，私立高等教育机构注重营销战略，迎来快速发展时期，为劳动力市场创造了大量人力资本。[1]

二、高等教育的现状

（一）教育规模

进入 21 世纪以来，稳定的政治环境和高速向前发展的经济为柬埔寨高等教育的蓬勃发展提供了非常有利的外部条件。从高等教育机构、学生人数等方面来看，柬埔寨高等教育已经从"获取渠道有限的教育"转向了"大众教育"。由相关部委和机构管理的高等教育机构数量见表 6.1。[2]

---

[1] SAM R，AHMAD N M Z，HAZRI J. Cambodia's higher education development in historical perspectives (1863—2012)[J]. International journal of learning & development, 2012(2): 224-241.

[2] 资料来源于柬埔寨教育、青年和体育部官网。

表6.1 由相关部委和机构管理的高等教育机构数量

单位：所

部委和机构	公立高等教育机构	私立高等教育机构
教育、青年和体育部	13	67
劳动职业培训部	12	13
国防部	5	0
宗教部	3	0
农林水产部	3	0
卫生部	2	0
文化和艺术部	1	0
内政部	1	0
部长会议办公室	1	0
公共工程和运输部	1	0
柬埔寨国家银行	1	0
社会福利、退伍军人和青年改造部	1	0
矿产和能源部	1	0
邮电通信部	1	0
经济和财政部	1	0
土地管理、城市规划和建设部	1	0

柬埔寨全国共有 128 所高等教育机构，包括 48 所公立和 80 所私立高等教育机构，分布在首都及 20 个省。高等教育机构由 16 个部委和国家机构管理。教育、青年和体育部管理着 80 所高等教育机构，其中 13 所是公立的，67 所是私立的。全国有 45 所高等教育机构提供研究生教育，其中 21 所机构提供博士学位教育。

2014—2015 学年，柬埔寨高等教育阶段总入学率为 16%。2015—2020 年柬埔寨高等教育阶段攻读各学位学生人数见表 6.2。2020—2021 学年，

高等教育阶段总入学率为13.3%，在高校学习的学生有201 900人（女生
102 599名，约占50.8%）。其中，副学士学生197 82人，学士学位171 183
人，硕士研究生9 984人，博士研究生961人。[1] 整体而言，硕士学位学生
人数大幅减少，其主要原因是新冠肺炎疫情的影响，加之各院校更新了逾
期未毕业、退学学生名单。[2]

表6.2 2015—2020年柬埔寨高等教育阶段攻读各学位学生人数

学年	2015—2016	2016—2017	2017—2018	2018—2019	2019—2020
副学士	23 746	20 570	19 871	19 575	19 782
学士	174 142	165 359	168 242	179 258	171 183
硕士	18 723	20 272	22 022	23 256	9 984
博士	1 229	1 222	1 349	790	961

在2019—2020学年，约70%的本科生学习社会科学，具体而言，42%
学习商业相关科目，7%学习法律，10%学习外语，2%学习旅游，9%学习
艺术和社会科学；30%的学生学习理工科，具体而言，5%学习基础科学，9%
学习信息技术，8%学习工程，3%学习农业科学，5%学习医学与健康科学，
如图6.1所示。在攻读硕士学位的学生中，76%学习社会科学，11%学习人
文科学，8%学习自然科学，3%学习农业科学，2%学习工程技术，学习医
学与健康科学专业的不足1%，如图6.2所示。89%的博士生学习社会科学，
选择人文科学、农业科学、工程技术、医学与健康科学的比例分别为3%、
1%、6%和1%，如图6.3所示。[3]

---

[1] 资料来源于柬埔寨教育、青年和体育部官网。

[2] VICHETH S. Higher education in Cambodia: the constraining effects of traditional values[M]//MCNAMARA
V, HAYDEN M. Education in Cambodia from Year Zero towards international standards. Singapore: Springer Nature
Singapore Pte Ltd, 2022: 195-223.

[3] 资料来源于柬埔寨教育、青年和体育部官网。

由此可见，高等教育机构在理工科和医学、技术等专业领域尚未重点投入，柬埔寨面临相关专业人才短缺的问题。

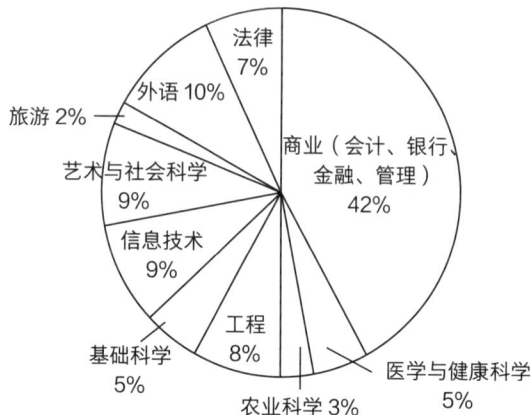

图 6.1 2019—2020 学年柬埔寨本科生的专业分布

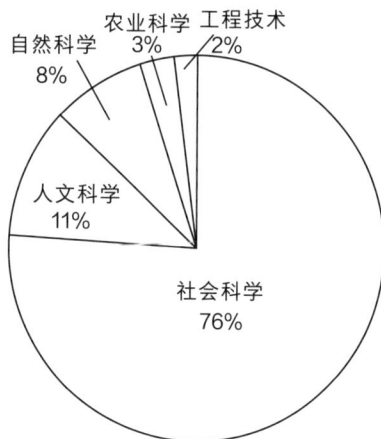

图 6.2 2019—2020 学年柬埔寨硕士研究生的专业分布

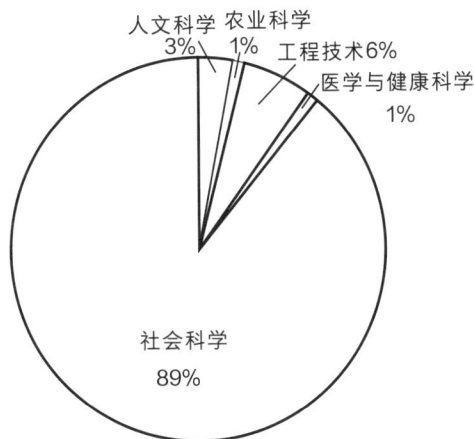

图 6.3 2019—2020 学年柬埔寨博士研究生的专业分布

（二）师资情况

图 6.4 展示了柬埔寨高等教育机构中教育工作者的学历水平。[1] 2019—2020 学年，共有 16 676 名高等教育工作者（3 475 名女性），其中 4 426 人具有学士学位，约占总教师人数的 26.5%，绝大多数的教师拥有硕士学位，拥有博士学位的教师很少。2015—2020 年，柬埔寨高等教育工作者学历情况变化不大，柬埔寨需要更多的投资和更具体的规划，以实现《2030 年高等教育愿景》中关于师资的战略目标。

（三）治理改革

为了更好地发展柬埔寨高等教育，政府尝试对高等教育机构管理体系进行改革。柬埔寨政府于 2015 年修订了一项关于公共行政机构法律地位的王家法令，明确公立高等教育机构为公共行政机构，赋予其高度自治权。

---

[1] 资料来源于柬埔寨教育、青年和体育部官网。

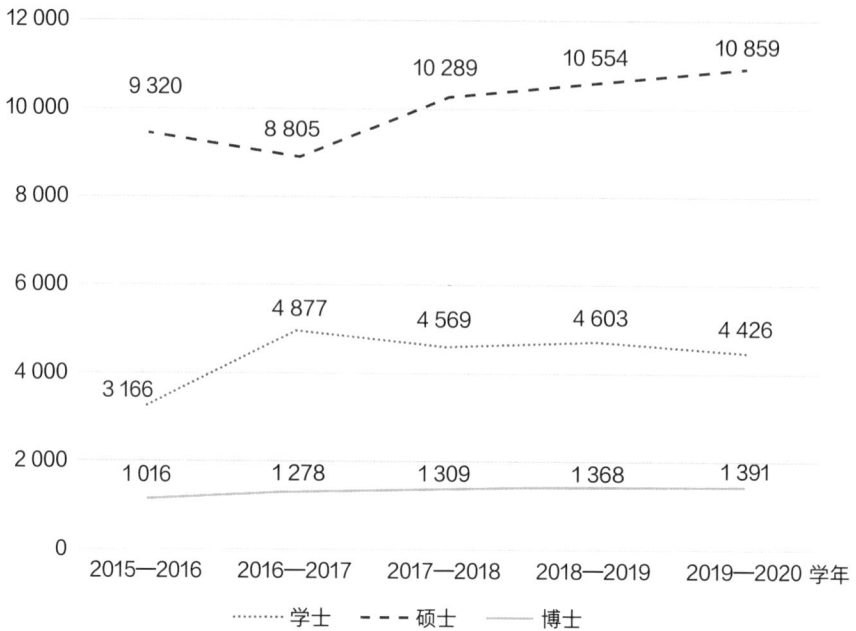

图 6.4 2015—2020 年柬埔寨高等教育工作者各学历人数

获得公共行政机构地位的公立高等教育机构可以通过提供教学、研究和咨询服务来创造额外收入，可以自行决定如何将获得的额外收入用于提高其机构能力。通过改革，柬埔寨政府期望获得公共行政机构地位的公立高等教育机构承担更多的提高教学质量和研究质量的责任。但柬埔寨政府规定，高等教育机构只能履行教学和研究两项职能，高校并没有授予学位的完全权力。目前，柬埔寨的大学文凭必须经柬埔寨认证委员会签署和认可方能生效。

被赋予公共行政机构地位的大学的董事会由 5—11 名成员组成，包括该大学上级单位代表、经济和财政部代表、部长会议办公室代表、大学校长、大学教职员代表、学术人员代表、学生代表、大学以外的代表各 1 名。其他成员可以是学院院长或系主任。

柬埔寨政府一直在推动私立高等教育机构改革。2007 年发布的《高等教育机构许可条件和详细标准公告》要求私立高等教育机构设立校董事会。
5 名校董事会成员包括股东代表，教育、政治或经济领域的知名人士以及机
构行政部门的代表，学生不是校董事会成员。目前，大多数私立高等教育
机构已根据政府要求设立了校董事会。2004 年成立的柬埔寨高等教育协会
旨在更好地支持私立高等教育机构发展，促进私立高校教育质量达到国家
和国际标准。

　　尽管各种改革是有益的，但高等教育部门的治理和协调问题仍然存在
分散性和官僚僵化问题。[1]

第二节　高等教育的特点和经验

一、高等教育的特点

（一）加强基础课程学习

　　柬埔寨高等教育机构要为本科一年级的学生提供基础课程。新生必须
完成为期一年的基础课程学习才能被柬埔寨认证委员会授予涵盖基础课程
所有科目的基础学习成就证书。持有此证书，学生才能升入大学二年级或
在国内其他经认可的高等教育机构继续学习。

　　《高等教育质量认证王家法令》要求，学术基础课程应引入五门必修学
科：艺术和人文学科、数学学科、自然科学和计算机科学、社会科学、外

---

　　[1] VICHETH S. Higher education in Cambodia: the constraining effects of traditional values[M]//MCNAMARA
V, HAYDEN M. Education in Cambodia from Year Zero towards international standards. Singapore: Springer Nature
Singapore Pte Ltd, 2022: 195-223.

语学科。艺术和人文学科包括文学、历史、哲学、美术、音乐学、考古学、宗教研究、高棉语研究和经柬埔寨认证委员会批准的其他课程。数学学科、自然科学和计算机科学包括数学、化学、生物、物理、几何、环境研究、应用计算机、计算机科学等课程。社会科学包括政治学、公共管理学、社会学、人类学、心理学、经济学、地理学、人口统计学等课程。外语学科包括英语、法语和其他语言。在学术基础课程项目中，学生必须完成高等基础学部要求的通识课程和指导课程，这对于拓宽柬埔寨学生的基础知识面和帮助其在本科阶段学业取得成功非常重要。[1]

（二）学术媒介语言几经变更

从柬埔寨历史发展来看，由于受政治意识形态的影响和不同资助国的支持，柬埔寨的高等教育机构在教学中使用了许多外语。20 世纪 80 年代，大多数学校使用俄语和越南语作为教学语言。20 世纪 90 年代以后，法国向柬埔寨捐赠了约 700 万美元，意在促使柬埔寨高等教育以法语作为教学媒介。[2] 虽然柬埔寨是国际法语国家组织成员，但柬埔寨很多高等教育机构和学生倾向于使用高棉语或英语进行教学。

1999 年，柬埔寨成为东盟成员，这对柬埔寨学生的语言选择产生了显著影响。根据《东南亚国家联盟宪章》，英语是东盟官方和工作语言。柬埔寨政府要求所有高等教育机构为本科生提供三年或六个学期的英语培训。在大一开始上课前，学生必须参加英语分班测试，以评估他们的英语水平，并根据考试的结果接受不同级别的课程。学生每周至少要参加 6 个小时的英语课程。一些大学还会给学生提供英语基础课程和选修课，包括通识英语、

---

[1] 资料来源于柬埔寨开放发展局官网。

[2] CLAYTON T. Language choice in a nation under transition: the struggle between English and French in Cambodia[J]. Language policy, 2002, 1(1): 3-25.

职业英语、学术写作、东南亚研究、研究技能导论、英语教学方法和托福考试准备课。[1] 学生在完成六个学期英语学习后，其能力要达到能够接受英语为媒介的专业课程学习，并能够撰写英文研究报告或毕业论文的水平。

（三）明确的奖助学金授予标准

柬埔寨高等教育奖助学金授予基于以下标准：（1）为成绩优秀的学生提供奖学金；（2）为无力支付高等教育学费的学生提供财政支持；（3）对社会急需领域或专业的学生提供奖学金。除了柬埔寨政府提供的奖学金项目外，世界银行等国际组织也有针对贫困学生和符合一定教育标准的奖学金，以增加贫困学生在高等教育中的保有率。柬埔寨政府和高等教育机构每年都会增加奖学金发放数量，并制定适当的政策，为无奖学金学生明确可负担的学费标准。

二、高等教育的经验

柬埔寨政府和高等教育机构一直致力于高等教育改革，以提高教育质量。柬埔寨政府实施了多项国家战略，如"四角战略"、《国家战略发展计划》、《2030 年高等教育愿景》以及每四年颁布一次的《教育战略规划》。除了这些战略规划，柬埔寨政府还与发展伙伴合作创建各种项目和计划以期提高高等教育质量，如《2011—2015 年教育部门研究总体计划》《2010 年高等教育质量和能力改善计划》《柬埔寨高等教育机构的发展拨款计划》《关于教授排名的王家法令》《柬埔寨 2030 年教育路线图》等，以此来提高高等

---

[1] 资料来源于金边王家大学。

教育质量和教育治理水平。

通过高等教育治理改革，成立柬埔寨认证委员会、国家最高教育理事会、高等教育协会等机构，柬埔寨形成治理的整体合力，落实相关战略和政策，保障高等教育的健康发展。柬埔寨政府给予公立高等教育机构公共行政机构的自治地位，为其管理注入了活力，高校可以招收自费生，增加学校收入，决定开办的专业，并对自身人才培养质量负责。这项举措增强了公立大学的自治性，增强了大学办学的积极性和主动性，提升了大学办学的效益和效能。[1] 允许私营部门投资高等教育，增加了与国外大学合作办学机会，将高等教育推向市场化办学，这些举措为柬埔寨学生提供了更多接受高等教育的机会。

第三节 高等教育的挑战和对策

一、高等教育的挑战

（一）合格教师不足，师资水平不高

首先，柬埔寨高等教育机构教师的增长幅度并不与学生的增长幅度相称。柬埔寨班级规模大，生师比大，教学质量无法保障。2010 年后，虽然教师增加了大约 2 倍，但学生人数增加了 5 倍。[2] 其次，由于工资不高，激励措施不足，学术等级体系不明确，教师职业道路不清晰，学术和研究文

[1] 杨文明. 柬埔寨高等教育治理模式演进研究 [J]. 比较教育研究，2016（4）：43-50.

[2] VICHETH S. Higher education in Cambodia: the constraining effects of traditional values[M]//MCNAMARA V, HAYDEN M. Education in Cambodia from Year Zero towards international standards. Singapore: Springer Nature Singapore Pte Ltd, 2022: 195-223.

化不浓厚，教学人员很少把时间花在学术研究上，约 85% 的大学讲师从未发表过任何学术或研究论文，[1] 在柬埔寨大学拥有博士学位的教师占比很小，教师的教学质量和科研能力欠缺。最后，柬埔寨认证委员会的合格评估人员和专家不足，难以进行评估培训活动，难以保证高等教育机构的教育质量。

（二）专业设置不适应市场，毕业生供需脱节

柬埔寨政府尚未制定有关高等教育与劳动力市场建立联系的相关政策。柬埔寨目前大学毕业生高失业率的原因是他们缺乏适应劳动力市场需求的专业技能。私立高等教育机构普遍倾向于提供会计、金融、管理等学科的学位课程，因为这些学科的基础设施建设成本较低，而且校方有机会迅速获利。2020 年，柬埔寨攻读硕士、博士学位的学生中有近 90% 的人选择人文和社会科学，[2] 然而，这些领域的就业已经基本饱和，而科学、数学、技术、农业、卫生等国家急需人才的领域出现极大人力资源缺口。高校脱离人才市场需求办学、高度同质化的专业设置等因素造成了一种怪象，即在柬埔寨这样一个高等教育欠发达、入学率很低的国家出现了高校毕业生严重过剩的现象。[3]

（三）政府投资不足，高等教育发展受制约

由于政府年度预算的短缺，柬埔寨高等教育机构未能配备现代化的设施，如现代化的图书馆、宿舍、实验室、教室等。同时，财政拨款不足也

---

[1] SAM R, AHMAD N M Z, HAZRI J. Establishment of institutional policies for enhancing education quality in Cambodian universities[J]. International journal of higher education, 2012, 1(1): 112-127.

[2] 资料来源于柬埔寨教育、青年和体育部官网。

[3] 徐福文. 柬埔寨高等教育现状、问题与对策 [J]. 无锡商业职业技术学院学报，2018（6）：79-82.

导致高校教师薪酬低、待遇不佳，因而难以吸引足够的高质量教师。此外，科学专业往往需要更多的国家预算用于实习车间、实验室等基础设施建设，但柬埔寨政府未能资助公立大学以增加科学专业的招生数量。

二、高等教育的对策

（一）优化学科建设，提高人才供需匹配度

柬埔寨政府制订有关国家人力资源开发的短期及中长期规划，根据社会经济发展对人才需求的现状及趋势调整高校专业设置规模。[1] 高等教育机构向学生提供与学术和就业资源相匹配的科目或课程，以市场需求为导向，积极调整人才培养结构、培养模式、课程设置，不断增强教学内容的基础性和实用性，开设符合国民经济发展要求的专业，不断提高专业之间的可融通性。高校与企业通过产学研用合作模式，整合资源，支持实体的教学、管理和研究。高校不断提高服务企业的能力，同时借助企业的生产技术和设备提高专业实践教学和职业岗位技能培训的实效性，培养应用型和创新型复合人才。

（二）关注高等教育发展，加大政府财政投入

柬埔寨政府努力推动高等教育改革，扩大用于高等教育发展的公共财政支持，加大对科学、数学、技术、农业、卫生等专业领域建设的投资力度。在师资队伍培养、教学条件改善、科研水平提升、教师薪酬待遇改善

---

[1] 资料来源于柬埔寨教育、青年和体育部官网。

等方面加大投入，为高校的教师提供有关教育规划和管理的培训课程，促进高等教育高质量发展。柬埔寨政府提供竞争发展和创新拨款，以期提高高等教育机构的研究、教学和管理质量。[1]

（三）加强信息化建设，提高教育国际化水平

柬埔寨教育、青年和体育部加强各部门之间信息收集、整理、分析和报告的资源整合能力，运用大数据、云计算、人工智能等先进互联网技术为柬埔寨高等教育领域提供信息化建设的支持。柬埔寨在高等教育领域贯彻"互联网＋教育"发展理念，借鉴国外先进发展模式，将优势的互联网技术、智慧教学产品与经验用于改善高等教育管理信息系统。此外，随着全球化的深入发展，教育领域的国际交流合作不断增加，柬埔寨政府积极与外国机构合作，制定政策，争取全球优质资源，主动拓展国际办学空间，大胆探索境内外合作办学的可能，不断提升办学能力和教育品质。

---

[1] 资料来源于柬埔寨教育、青年和体育部官网。

第七章 职业教育

柬埔寨的"四角战略"强调，柬埔寨要从一个高贫困率的经济弱势国家转变为一个中低收入国家。柬埔寨工业部门正在扩大规模，但大多数岗位为制造业岗位，依赖于低技能和低工资工人。柬埔寨劳动力人口占比虽大，但柬埔寨的职业教育质量、毕业生技能、寻找熟练员工难易程度或活跃人口的数字技能水平在全球排名112位。[1] 柬埔寨政府认为，提高劳动力的能力，使他们能够在工作中运用先进技术，是柬埔寨实现经济可持续增长和社会稳定的重要途径，对柬埔寨实现2030年成为中等偏上收入国家和到2050年成为高收入国家的目标至关重要。

柬埔寨《教育法》将职业教育定义为涵盖所有专业和技能，培养高素质技术技能人才，由公共和私营职业教育机构、企业、社区、家庭等合作提供的职业学校教育和职业培训，目标是使受教育者具备从事某种职业或者实现职业发展所需要的职业道德、科学文化与专业知识、技术技能等职业综合素质和行动能力。

---

[1] DAROESMAN P. Technical and vocational education and training reform in Cambodia 1970—2020[M]// MCNAMARA V, HAYDEN M. Education in Cambodia from Year Zero towards international standards. Singapore: Springer Nature Singapore Pte Ltd, 2022: 167-193.

第一节 职业教育的发展和现状

一、职业教育的发展历程

柬埔寨的现行职业教育制度始于越南占领时期。在此之前，柬埔寨没有完善的、健全的职业教育。吴哥时期，寺庙的僧侣承担教育者的职能，他们除了传授宗教知识外，也提供职业技能相关培训，所传授内容往往局限于艺术、建筑或农业方面的日常经验。彼时，制作瓷砖、雕塑、金属制品等都依赖于非正式的、非结构化的个人学徒。

法国殖民时期，柬埔寨虽然引入了现代教育体系，但教育内容并不关注社会经济技术方面。西哈努克执政时期，柬埔寨启动了向工业化和技术更先进国家转型的进程。然而，这一时期教育发展关注的重点为基础教育，职业教育没有得到重视与发展。此后十年职业教育领域更是鲜有建树。

在越南占领时期，越南、苏联、东欧和古巴为柬埔寨职业教育提供了技术援助和硬件支持。[1] 1979—1986 年，不同部委建立了大约 14 个职业教育机构。在此期间，职业教育的覆盖面非常有限，随着苏联和越南专家的离开，许多职业教育机构废弃。但此时期的职业教育为柬埔寨当代职业教育奠定了基础。这一时期，一些非政府组织发起了短期非正规职业培训计划，这些计划的教学内容主要集中在乡村工业和农业方面。然而，许多国际非政府组织因应急资金减少而无法落实其培训计划。后来，这些短期非正规职业培训计划的管理工作慢慢由柬埔寨农林水产部，妇女事务部，教育、青年和体育部，农村发展部接管。这一时期的职业教育与劳动

---

[1] DAROESMAN P. Technical and vocational education and training reform in Cambodia 1970—2020[M]// MCNAMARA V, HAYDEN M. Education in Cambodia from Year Zero towards international standards. Singapore: Springer Nature Singapore Pte Ltd, 2022: 167-193.

力市场和未来发展需求关系并不紧密，培训教员资质平庸，几乎没有工业经验。

1991 年越南撤军后，柬埔寨的国际关系开始正常化，国际社会对柬埔寨的人道主义援助迅速恢复。此时的职业教育在很大程度上依赖国际援助，且相关项目分散、重复、效率低下。1994 年，柬埔寨有 26 所官方认可的职业教育机构，配备的教师不到 500 名。[1] 此后，柬埔寨成立了国家培训委员会，国家培训基金，教育、青年和体育部职业培训司，建立了工作人员发展中心、省级培训中心、妇女发展中心，确定了国家职业教育课程并在社区一级提供了流动培训支持。这一时期的培训项目仍然主要由供应驱动，与劳动力市场需求无关。

二、职业教育的现状

柬埔寨是东南亚青年人口最多的国家，[2] 人口结构非常年轻，这意味着柬埔寨有丰富的劳动力。2015 年，柬埔寨总人口为 15 405 000 人，工作年龄人口为 10 113 000 人，其中，8 359 000 人为劳动力。然而，柬埔寨劳动力素质不高，柬埔寨 13.5% 的人口完全没有受过教育，27.8% 完成了小学教育，14.0% 完成了初中教育，6.8% 完成了高中教育，只有 5.4% 的人完成了中学后教育。[3] 进入劳动力市场人员的受教育程度高低对柬埔寨社会经济的持续发展至关重要。提供更多、更有效的职业教育，全面提高劳动力素质，提升劳动力的技

[1] DAROESMAN P. Technical and vocational education and training reform in Cambodia 1970—2020[M]// MCNAMARA V, HAYDEN M. Education in Cambodia from Year Zero towards international standards. Singapore: Springer Nature Singapore Pte Ltd, 2022: 167-193.

[2] MILLER A. Development through vocational education. The lived experiences of young people at a vocational education, training restaurant in Siem Reap, Cambodia[J]. Heliyon, 2020(6): 1-10.

[3] 资料来源于柬埔寨劳动职业培训部官网。

能，充分发挥人口红利优势是柬埔寨政府当前需解决的问题。

柬埔寨政府在《柬埔寨 2030 年教育路线图——可持续发展目标 4》中强调，职业教育是可持续发展的核心内容，是国家发展战略的必要因素。发展职业教育，为柬埔寨青年获取职业技能、胜任体面工作、自主创业提供机会，对满足劳动力市场的需求，促进减贫和改善人民生活，促进社会经济发展至关重要。

柬埔寨职业教育包括正规、非正规和非正式教育，同时，《2014—2018年国家教育战略规划》将职业教育的内容纳入高中阶段教育。教育、青年和体育部的职业培训司发布了《高中技术教育总计划（2015—2019 年）》。本章主要介绍正规职业教育，非正规和非正式职业教育为第八章成人教育的内容，高中阶段的职业教育为第五章基础教育的内容。柬埔寨正规职业教育体系如图 7.1 所示。[1]

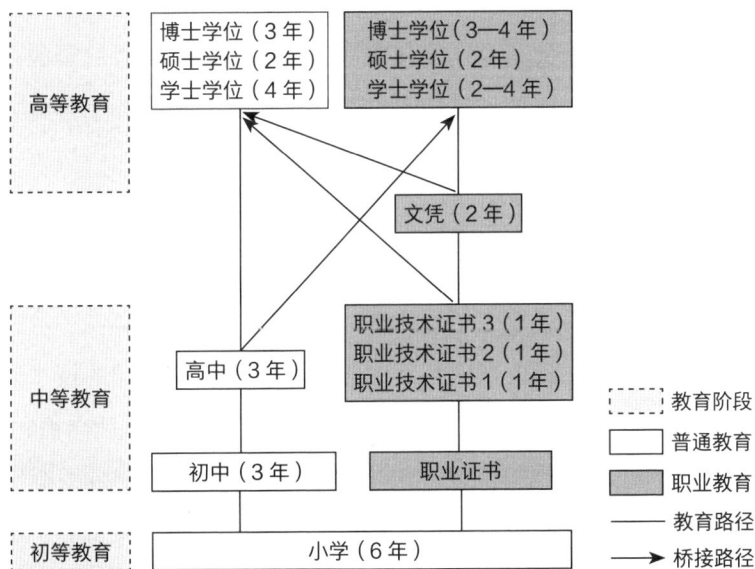

图 7.1 柬埔寨正规职业教育体系

[1] 资料来源于联合国教科文组织官网。

（一）职业教育政策

为了发展职业教育，柬埔寨政府先后出台了《2014—2018 年劳动和职业培训战略发展计划》《2014—2018 年职业技术教育战略发展计划》《2015—2025 年工业发展政策》《2015—2025 年国家就业政策》等政策文件，旨在促进工业部门的发展，确保劳动力的质量，提高柬埔寨的国际竞争力。

《2015—2025 年国家就业政策》深入实施就业优先战略，多措并举增加就业岗位，要求加强职业教育机构与私营部门之间的合作，要求监测和评估劳动力市场与职业教育的相关性，积极推动急需、紧缺领域的职业技能培训，健全学生实习机制，引导行业、企业和学校积极开展学徒培养工作。

《2017—2025 年国家职业技术教育政策》提出，开发具有高素质、能力和技能的人力资源以满足当前和未来的社会经济发展需要。该政策旨在提高职业教育质量，满足国内和国际需求；增加公平获得职业教育的机会；创造就业机会；促进公私合作伙伴关系，统筹利益相关者的资源；改善职业教育的治理模式，以期促进职业教育发展，更好地服务于劳动力市场和柬埔寨未来的发展。

（二）职业教育的治理模式

2004 年之前，正式的职业教育受教育、青年和体育部的技术和职业培训办公室管理，非正规和非正式（短期课程）职业培训由社会福利部分管。2004 年之后，职业教育的管理工作从教育、青年和体育部移交到劳动职业培训部。柬埔寨劳动职业培训部接管后积极建立质量保障机制，更新职业教育的教师培训课程，增强私营部门在职业教育中的作用，增加学生公平获得职业教育的机会。劳动职业培训部还致力于将低技能工人转变为中高技能工人，而非正规和非正式职业培训的管理工作也从社会福利部移交给了劳动职业培训部。

1996年，国家培训委员会成立，但直到2005年，柬埔寨才颁布法令予以承认。国家培训委员会是柬埔寨职业教育的主要决策机构，负责促使职业教育符合柬埔寨社会经济发展需求。图7.2所示为柬埔寨职业教育治理架构。[1]

在劳动职业培训部的授权下，职业技术教育总局负责保证职业教育机构所提供教育的质量。职业技术教育总局管理着7个中央培训机构、5个地区培训中心、26个省级培训中心，提供证书、文凭和学位级别的正式培训。

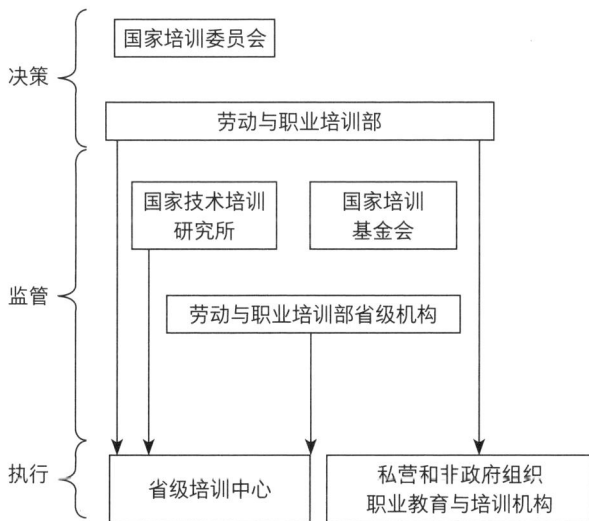

图 7.2 柬埔寨职业教育治理架构

---

[1] 资料来源于联合国教科文组织官网。

（三）职业教育系统

在完成初中教育后，学生可以选择继续接受高中教育或进入劳动职业培训部提供的中等职业教育。中等职业教育课程包括汽车维修、一般机械、计算机技术、农业机械、电力、电子、冷却机械维修、土木工程等领域。除上述领域外，技术、销售、基础会计等领域还提供职业教育文凭课程。学生在获得职业教育文凭后，可以继续学习职业教育学士学位的课程，也可以在获得职业技术证书后直接进入劳动力市场，或参加衔接课程后进入普通高等教育机构就读本科课程。理工学院在高等教育阶段提供广泛的职业教育课程，使学生具备与行业相关的技能，为他们在工程、应用科学、信息通信技术、健康科学等领域的职业生涯做好准备。高等教育阶段的职业教育可提供学士学位、硕士学位和博士学位课程。要参加职业教育的学士学位课程，学生需要具有职业教育文凭，职业教育学士学位课程学制可缩短为 2 年。如果学生完成了普通高中教育和衔接课程，也可以参加职业教育学士学位课程，学制为 4 年。

（四）职业教育质量及标准框架

为了适应教育全球化和市场化，柬埔寨制定了国家资格框架。国家资格框架是标准化的资格分类工具，用以明确特定的学习水平，在国际上得到广泛认可。

《柬埔寨资格框架》为柬埔寨教育和培训资格提供了一个全面、全国一致、灵活的框架，旨在使柬埔寨教育在国家资格标准和区域资格标准下具有可比性，有助于为参与项目认证的外部审查机构提供适当的参照。该框架既为职业教育内的纵向路径提供等效框架，也为职业教育和普通教育之间的横向路径提供了等效框架（见表 7.1）。[1]

表 7.1《柬埔寨资格框架》层次结构

教育等级	职业教育	普通教育
8	博士学位	博士学位
7	硕士学位	硕士学位
6	学士学位	学士学位
5	文凭	副学士学位
4	职业技术证书 3	高中文凭
3	职业技术证书 2	
2	职业技术证书 1	
1	职业证书	初中文凭

（五）职业教育的教师资格

职业教育教师任职的基本资格是，学历至少比所教授课程高一个级别。申请入职者需要通过国家考试，考试内容包括专业科目和一般知识，然后再接受为期一年的教师培训。劳动职业培训部下属的国家技术培训研究所为职业教育的教师提供培训和相关材料，培训两种类型的职业教育教师：高级讲师和初级讲师。完成国家技术培训研究所的培训后，高级讲师将获得学士学位级别的教学认证，可以在职业教育学院或理工学院任教。初级教师经认证可教授职高（职业技术证书 1、2、3）课程、文凭课程和短期职业技术课程。

---

[1] 资料来源于柬埔寨劳动职业培训部官网。

第二节 职业教育的特点

一、完善相关政策

《教育法》《劳动法》等法律法规及政策文件使柬埔寨职业教育有法可依，有章可循。柬埔寨"四角战略"第三阶段提出，加强职业教育，建立劳动力统计体系，改革职业资格框架，加强工业领域的技能培训，为学生提供从职业教育向高等教育转学的机制化道路。[1]

《2017—2025年国家职业技术教育政策》为柬埔寨职业教育治理、公平准入和可持续发展、培养国家和国际所需的熟练劳动力的工作指明了方向。该政策的目标是为所有发展伙伴建立一个框架，提高劳动力的能力，帮助其顺利就业。

《2015—2025年国家就业政策》旨在通过确保普通教育和职业教育满足劳动力市场的需求，应对技能短缺和技能不匹配的挑战。

这些法律法规和文件政策的颁布与实施推动了柬埔寨职业教育的发展。

二、打通职业教育与普通教育的通道

《柬埔寨资格框架》体现了教育的公平和多样性。一方面，柬埔寨支持建立普通高中教育与中等职业教育融合衔接、互相融通的人才培养机制，普通教育与职业教育的等价性是保证普通教育和职业教育分流畅通的重要因素，有助于提高职业教育的社会地位，提升其社会吸引力。另一

---

[1] 杨文明. 柬埔寨职业教育现状与发展趋势 [J]. 深圳职业技术学院学报，2018（1）：54-62.

方面，柬埔寨政府为不同的职业教育设计了明确的准入和准出标准，所有学习者既可以选择进一步学习，又可以选择就业，体现出体系的灵活性。[1]

第三节 职业教育的挑战和对策

一、职业教育的挑战

（一）职业教育与劳动力市场需求不匹配

柬埔寨职业教育缺乏关于劳动力市场的信息，所提供的职业知识和软技能非常有限，其毕业生往往缺乏阅读、写作、数学、计算、沟通能力，以及团队合作和解决问题的能力，未能为进入职场做好充分准备。柬埔寨的校企合作、产教融合不够深入，利益相关方的参与度有限。利益相关者的有限参与影响了职业教育的质量和响应能力。柬埔寨的职业教育机构并未与行业企业进行有效的沟通，职业教育机构在课程设计、培训、学徒、实习、标准制定和认证计划等方面缺乏导向性。

（二）职业教育的入学率较低

与普通教育相比，职业教育的入学率很低。

职业教育学生注册率低是由于社会缺乏对职业教育价值的正确认识。

---

[1] 曹丽萍，徐涵. 柬埔寨职业教育现状及发展机遇 [J]. 教育与职业，2018（7）：85-88.

柬埔寨学生家长低估了职业教育带来的回报，倾向于鼓励孩子在普通教育系统完成学业。[1] 年轻人将职业教育视为第二种选择，或者将其视为给穷人、边缘化群体或辍学者提供的教育，认为其培养目标是成为工人而不是技术专家，所以在追求更高学历时，他们往往会选择普通教育，而非职业教育。

（三）财政资源投入不足

职业教育需要大量的资本投资，但柬埔寨政府对职业教育的预算支持不足。资金投入不足会导致教学条件跟不上职业教育发展的需要，职业教育机构的实验、实训条件非常差，往往难以适应社会中新技术、新设备、新工艺以及产业结构调整所提出的对劳动者技能的新要求。办学经费不足还导致职业教育教师流失，矛盾叠加，教育质量受到影响。

（四）职业教育治理能力薄弱

劳动职业培训部是负责领导和管理柬埔寨职业教育的部门，但由于其具体负责与其他机构存在职能交叉和重叠，因此存在治理薄弱、执行不力的现象。同时，负责普通教育和职业教育的相关部委联系有限，在教师培训和学习材料交流方面合作不足。此外，各部委和非公共培训提供者之间缺少联系，利益相关方之间难以共享关于劳动力市场和职业教育的信息。

---

[1] 曹丽萍，徐涵. 柬埔寨职业教育现状及发展机遇 [J]. 教育与职业，2018（7）：85-88.

二、职业教育的对策

柬埔寨政府为发展职业教育进行了必要的改革，以解决阻碍职业教育发展中根深蒂固的问题。

（一）提高职业教育与劳动力市场需求的契合度

柬埔寨将职业教育与劳动力市场需求联系起来，在工业区或经济区建立职业教育园区，最大限度地利用设备和教师。柬埔寨不断改革职业教育课程，改革后的课程强调使学生具备能够应对 21 世纪新挑战的技能，如批判性思维能力、创造力、协作能力、主动性、终身学习技能、沟通技能、社交技能、领导力等，从而提高职业教育质量，以满足国内和国际市场的需求。柬埔寨继续完善职业教育信息管理系统和劳动力市场信息系统，从而加强对劳动力市场的预测分析和技能需求评估工作。

（二）加大财政投入和融资力度

柬埔寨政府增加对职业教育的预算投入，为职业教育的发展提供有力的资金保障，从而改善职业教育办学条件，切实提升职业院校软硬件实力。增加对中高职学生的资助经费，增加职业教育的吸引力，提升职业教育的入学率和保有率。同时，柬埔寨政府争取国际组织与合作国家的资金援助，改善职业教育办学条件，保障职业教育高质量发展。

（三）推动校企合作，产教融合，促进公私伙伴关系

《2017—2025 年国家职业技术教育政策》强调，要鼓励私营部门参与职

业教育，在课程设计、培训、实习、标准制定、认证计划等方面，利用好公私合作伙伴关系的优势，并在私营部门大量投资和资助的领域提供培训。公私合作伙伴关系被认为是提高柬埔寨职业教育质量和劳动力市场相关性的重要环节。[1] 在职业教育系统中加强利益相关者的伙伴关系，可以根据市场需求开发培训课程、制定能力标准和能力评估标准，以加强适应现有技术和应对新技术的能力。利益相关者还可以为职业教育学校提供设施和设备，为职业教育学生提供实习和工作机会。

———————————

[1] DAROESMAN P. Technical and vocational education and training reform in Cambodia 1970—2020[M]//MCNAMARA V, HAYDEN M. Education in Cambodia from Year Zero towards international standards. Singapore: Springer Nature Singapore Pte Ltd, 2022: 167-193.

第八章 成人教育

　　促进终身学习是柬埔寨政府一项重要的教育议程。柬埔寨政府希望通过实现全民教育，紧跟国际变化，促进经济快速发展，改善人民生活。

　　柬埔寨教育分为正规教育、非正规教育，以及非正式教育。正规教育由具有特定教育许可证或经认证的教育机构根据法定标准和程序提供。

　　非正规教育是指在正规教育方案框架之外有组织、有系统的教育活动，为人口中特定的亚群体提供特定类型的学习。非正规教育类型多样，如扫盲、生活及专业技能教育、为未接受正规教育的学生提供的基础教育等。非正规教育还包括正在融入正规教育或终身教育的继续教育。政府关于非正规教育政策的战略目标如下：创造机会，让所有人都有机会终身学习；通过建立联系，促进扫盲和继续教育，提供就业和职业技能，使人民能够幸福地生活；定期向每个人提供有关职业技能培训和科技的信息和知识。接受非正规教育的学生有权依法参加评估自身受教育程度的考试，并获得相应学习资历凭证。柬埔寨政府将非正规教育定义为一种官方教育，非正规教育有助于实现全民教育、终身教育，有助于建立一个公平、公正的学习型社会。

　　非正式教育可被视为正规和非正规教育中未包括的所有其他学习形式。因此，它指的是：每个人从日常经历和环境中获得和积累的知识、技能、态度和见解的终身过程。一般来说，非正式教育是无组织、无系统的，有时甚至是无意的，但它占了人一生学习的很大一部分。

目前，柬埔寨成人教育尚无专门的政策框架，因此它尚不具备独立的治理结构。[1] 柬埔寨成人教育被包含在非正规教育和终身学习活动中，本章内容以柬埔寨非正规教育和终身学习政策研究来管窥其成人教育。

第一节 成人教育的发展和现状

一、成人教育的发展历程

柬埔寨的现代教育始于法国殖民时期，但由于殖民政府对柬埔寨教育重视程度不够，柬埔寨文盲很多，在女性群体中，文盲比例更大。据1958年的统计，只有10%的成年女性认识一些最基础的文字。[2]

西哈努克执政时期，政府一手抓适龄儿童的入学率，一手抓全社会的扫盲运动，文盲率明显降低。然而，近30年的内战使大多数儿童及成人失去了接受教育的机会，文盲人数剧增。在波尔布特政权统治下，扫盲教育被废除。越南统治时期，许多柬埔寨人逃往柬埔寨与越南、泰国接壤的边境，在那里建立了难民营。非政府组织在难民营组织了旨在提高工业农业技能的短期非正规职业培训和成人教育，提供了机器缝纫、针织编织、算术、识字等课程。在联合国柬埔寨临时权力机构领导时期，柬埔寨教育也没有得到太多发展。[3] 1993年选举后，柬埔寨新政府为提高各级教育做出

[1] 资料来源于德国成人教育协会官网。

[2] 金苏. 柬埔寨教育史 [D]. 南宁：广西民族大学，2021：69.

[3] DAROESMAN P. Technical and vocational education and training reform in Cambodia 1970—2020[M]// MCNAMARA V, HAYDEN M. Education in Cambodia from Year Zero towards international standards. Singapore: Springer Nature Singapore Pte Ltd, 2022: 167-193.

许多努力。彼时，柬埔寨成人教育由各类社会组织提供，如省级培训中心、社区学习中心、非政府组织、私营机构等。1995 年，亚洲开发银行的基本技能项目启动，该项目旨在发展柬埔寨的技能培训，使非正规教育与正规职业教育衔接，为弱势群体和流离失所群体提供必要的教育。

二、成人教育的现状

21 世纪以来，柬埔寨政府批准了多项教育政策，如《非正规教育政策》《非正规教育同等学力方案政策》《全纳教育政策》《国家终身学习政策》等，虽然这些政策没有直接、明确地提到成人教育，但其内容都涵盖非正规教育形式的成人教育，如扫盲班、社区学习中心提供的教育活动。成人教育被间接地纳入旨在为"所有人"和"每个人"提供机会的不同教育政策和方案中。

《非正规教育同等学力方案政策》强调了在规划和利用学校建筑、教室、人力资源等方面，非正规教育与各级正规教育之间的关系；提出增进成人教育与柬埔寨政府、国际组织、非政府组织、捐助者和私营部门的伙伴关系，以促进扫盲工作和职业技能培训工作；支持将非正规教育的相关行动计划重新纳入政府的整体发展计划，以促进人力资源开发工作和减贫工作。

教育、青年和体育部下设非正规教育司，其工作目标为：确保所有儿童、青年、成人、穷人和残疾人接受基础教育和终身学习的权利；为青年和成年人提供获得生活技能和识字的机会。为了实现以上目标，非正规教育司优化重新进入正规教育系统和进入同等学力计划学习的机会；优化扫盲和生活技能方案；扩建社区学习中心和阅读中心；提高非正规教育工作人员的能力；优化非正规教育信息系统；完善从中央到地方各级的非正规教育系统,对各级非正规教育官员的过程监测工作进行支持;与非政府组织和其他发展伙伴合作,向失学青年提供同伴教育、生活技能教育、疾病预防知识教育;通过国家官方媒体和私营媒体扩大宣传。[1]

非正规教育、成人教育并不只与教育、青年和体育部有关。其他部门也在开展相关工作。表8.1列举了非正规教育相关部门及其职责。

表 8.1 非正规教育相关部门及其职责

部门	职责
内政部	指导和鼓励地方各级政府加大对非正规教育,特别是扫盲班的支持力度。
宗教部	与宗教人士合作,通过宗教仪式和习俗来教育人们;提高宗教人士对学习重要性的认识,帮助他们组建图书馆、阅览室、教室和社区学习中心。
教育、青年和体育部	参与建立扫盲班、扫盲后班、补习班、职业技能培训班、社区学习中心、阅览室和图书馆;就非正规教育教师的能力培养工作提出建议。
邮电通信部	利用广播、电视、报纸和其他媒体网络,在全国范围内倡导全民继续教育。
私营部门（工厂、企业）	为工人及其雇主提供符合柬埔寨《劳动法》的扫盲班或职业技能培训课程。

《非正规教育政策》敦促各方通力合作,以负责任的态度,使非正规教育产生良好的效果,鼓励利益相关的机构、地方政府、乡村发展委员会、公社、寺庙、私营部门等调动现有资源,为非正规教育的发展做出贡献,鼓励在乡村、公社、寺庙建立社区学习中心。非正规教育中涉及成人教育的内容包括扫盲教育、技能培训、继续教育。这些非正规教育活动有非全日制、自学、远程学习等学习形式。

2019年《国家终身学习政策》实施,标志着柬埔寨朝着促进成人教育成为终身学习核心组成部分的目标迈出重要一步。根据柬埔寨教育大会报

---

[1] 资料来源于柬埔寨教育、青年和体育部官网。

告，为确保首都和各省都有包容和公平的优质教育、都能提供终身学习的机会，柬埔寨实施了 25 个扫盲方案、17 个扫盲后方案、3 个再入学方案、22 个社区学习中心创收方案、23 个小学同等学力方案、5 个中学同等学力方案、20 个补充方案。[1] 教育、青年和体育部与妇女事务部、劳动职业培训部等部门与联合国教科文组织合作，降低成人文盲率。每年的 9 月 8 日是柬埔寨国家扫盲日，国家扫盲日的成立使得政府推动成人教育相关方案更加高效。

提高成人（15 岁以上）识字率的工作在 2017—2018 学年、2019—2020 学年进展缓慢，但在 2020—2021 学年，成人识字率上升至 87.8%。这是教育、青年和体育部与发展伙伴合作，利用各种手段推动成人扫盲工作的成果体现。在新冠肺炎疫情期间，教育、青年和体育部推广远程学习模式，使成人学习者依然能够有机会提高读写能力。图 8.1 说明了这一情况。[2]

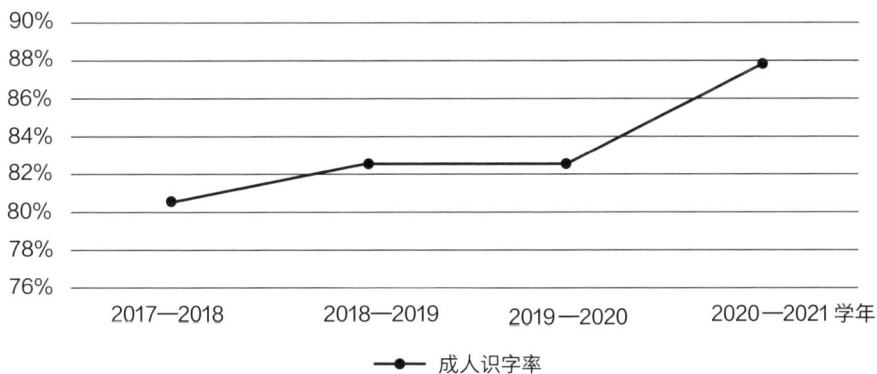

图 8.1 2017—2021 年柬埔寨成人识字率

《2019—2023 年国家教育战略规划》实施之初，全国共 894 个扫盲班，有 19 101 名学生完成了扫盲计划。此后，这一数字逐渐下降，到 2020—

---

[1] 资料来源于柬埔寨教育、青年和体育部官网。

[2] 资料来源于柬埔寨教育、青年和体育部官网。

2021 学年为 15 309 人。教育、青年和体育部非正规教育司修订了初高中同等学力方案的教学大纲，7 445 人参加了同等学力课程的学习。社区学习中心创收方案中，相关社区学习中心有 349 个，学生数量为 1 294 人。[1]

为发展非正规教育，首先，柬埔寨计划提高（固定和流动）图书馆的可利用率。2020—2021 学年，柬埔寨有 39 个图书馆，其中包含 15 个流动图书馆。其次，柬埔寨还通过将社区学习中心转变为终身学习中心来改善非正规教育的学习环境。最后，促进与私营部门、发展伙伴和非政府组织的伙伴关系也是柬埔寨政府发展非正规教育并落实其终身学习理念的措施之一。柬埔寨政府增加财政投入、更新课程、提供更多的人力物力支持，推进非正规教育，尤其是成人教育的发展，以适应社会经济发展要求。表 8.2 直观展现了柬埔寨非正规教育的发展情况。[2]

表 8.2 2018—2021 年柬埔寨非正规教育的发展情况

学年		2018—2019	2019—2020	2020—2021
扫盲教育	扫盲班数量 / 个	941	894	—
	学生人数	19 101	17 694	15 309
	教师人数	958	894	—
同等学力课程学习	学生人数	6 914	7 134	7 445
社区学习中心	学校数量 / 所	356	349	—
	学生人数	1 694	1 294	—

---

[1] 资料来源于柬埔寨教育、青年和体育部官网。

[2] 资料来源于柬埔寨教育、青年和体育部官网。

续表

学年		2018—2019	2019—2020	2020—2021
职业 技能班	班级数量／个	609	584	—
	学生人数	9 377	8 622	7 125
	教师人数	564	584	—

第二节 成人教育的特点和经验

一、成人教育的特点

（一）社区学习中心发挥积极作用

社区学习中心为在社区中被边缘化的，特别是不能在正规教育系统中继续学习的群体提供功能性识字教育、职业技能培训、工作相关技能培训。[1] 相关报告显示，柬埔寨共有356个社区学习中心，其中335个社区学习中心由教育、青年和体育部非正规教育司统一管理，21个社区学习中心由非政府组织等合作伙伴管理，这些社区学习中心拥有标准化课程、受省级培训中心培训后的教师队伍、政府财政及资源支持，共同为柬埔寨青年及成人提供扫盲教育及职业培训，教育质量较高。[2]

---

[1] 资料来源于柬埔寨教育、青年和体育部官网。

[2] 资料来源于德国成人教育协会官网。

（二）成人教育嵌入非正规教育中

柬埔寨将成人教育嵌入非正规教育中。《教育法》《非正规教育政策》《非正规教育同等学力方案政策》《全纳教育政策》《国家终身学习政策》等文件都提及成人教育内容，但柬埔寨目前没有单独的政策引导成人教育发展，成人教育治理也是与非正规教育治理相关。正是因为这样内嵌的关系，柬埔寨成人教育目前的政府财政支持信息难以获得，各项教育数据尚不清楚。

二、成人教育的经验

（一）大力推广成人教育，提高教育普及率

柬埔寨政府致力于提高教育的普及率，积极采取一系列措施，提供更多的教育资源和培训机会，以确保更多成年人能够接受教育。关注农村教育资源缺乏的地区，努力增加教育机会，让更多农村居民能够接受教育。成人教育不仅仅关注扫盲教育，还提供实用的技能培训和职业培训，使成年人能够获得在当地就业市场中有用的技能，提高他们的就业机会和生活品质。柬埔寨的成人教育还逐渐整合数字化技术，提供在线课程、电子学习资源和数字化工具，以增加教育的可及性和灵活性。为实现全民教育的目标，柬埔寨教育、青年和体育部成立了六个工作组，其中两个工作组专注于成人教育问题，包括提升成人生活技能和读写能力。

（二）国际组织参与柬埔寨成人教育

柬埔寨政府重视与各种国际组织、非政府组织和机构合作，共同推进成人教育项目。伙伴关系为柬埔寨成人教育带来了更多的资源、技术支持和专业知识，有助于柬埔寨成人教育扩大其覆盖范围和影响力。全球教育伙伴关系是柬埔寨全国性的非政府组织，成立于2001年，是柬埔寨教育的关键性协调中心之一。这些非政府组织在发展非正规教育相关项目上有大量经验，与教育、青年和体育部，妇女事务部，劳动职业培训部等非正规教育相关政府部门积极分享理论知识和实践经验，支持柬埔寨教育的改革和教育政策实施工作。此外，国际组织为柬埔寨成人教育进行投资和宣传，提供丰富的教学材料使学生在学习活动中获得知识与乐趣，为提高非正规教育教学活动的质量做出贡献。

第三节 成人教育的挑战和对策

一、成人教育的挑战

（一）柬埔寨成人教育尚无独立的教育体系

柬埔寨的成人教育广泛融入在全民教育、终身学习和非正规教育中。其教育地位不独立，教育模式单一，发展迟滞，缺少独立框架体系，界定不清，缺乏可落实的政策和可依据的准则。虽然政府在2007年颁布了《教育法》，2019年颁布了《国家终身学习政策》，虽然这些法律法规和政策文件涉及成人教育的内容，但专业指导价值有限。在涉及成人教育相关管理工作的综合部门中，存在着分工不清、职责不明、沟通不够、协调不力的问题，致使在宏观管理和指导上难以形成合力，一定程度上造成了成人教育管理体制上的混乱。政出多门、多头管理、重复培训、互不承认的现象依然存在。

（二）教育投入不足，重视度不够

柬埔寨尚未建立正式的成人教育机构，关于成人教育的财政投入只能从教育、青年和体育部的非正规教育和技术教育预算中估计。根据经济和财政部的数据，2019 年，柬埔寨非正规教育预算为 705 019 美元，技术教育预算为 589 220 美元，这两项预算加起来仅占教育、青年和体育部年度预算的 0.8%。[1] 不少教育机构和社区学习中心完成扫盲任务后，政府便不再对其拨付经费，扫盲后成人教育难以维系。

（三）成人教育培养目标不适应市场经济的要求

柬埔寨成人教育发展滞后于市场发展，尚未真正形成主动适应经济社会发展要求的培养模式，更没有建立起与劳动用工制度相衔接、与现代企业制度相配套的成人教育制度。柬埔寨成人教育对学校布局、专业设置、教育资源的调配缺乏统一考虑和长期规划。由于成人教育技能培训与市场技能需求之间不匹配，导致一些机构招生人数很少。

---

[1] 资料来源于德国成人教育协会官网。

二、成人教育的对策

（一）完善成人教育机制，健全成人教育体系

柬埔寨政府致力于成人教育的发展，明确成人教育相关管理部门的职责，加强各部门分工合作，加大内部资源的整合力度。教育、青年和体育部出台《非正规教育政策》，积极完善成人教育机制，健全成人教育体系，以多种方式满足成人的教育需求，使受教育者能够从成人教育中实际受益，从而提高成人教育的参与度。

（二）加大成人教育经费投入，吸引社会各界的投资

柬埔寨政府通过增加公共资金、加强人力资源来促进柬埔寨成人教育的发展。增加分配给成人教育领域的国家预算对于促进该领域的研究、改善基础设施、更新教学课程、加强社区学习中心相关政策的研究工作至关重要。此外，柬埔寨政府加大同私营部门的合作，并积极吸引联合国教科文组织、德国成人教育协会国际合作研究所、全球教育伙伴关系等组织机构投资和指导成人教育，以期提供社会所急需的成人教育，满足社会需求。

（三）明确人才培养目标，适应社会发展需求

柬埔寨政府相关部门不断拓宽成人教育领域，突破课程结构单一、教学内容陈旧的模式，增加成人教育的层次性，制定科学的教学计划，加强成人教育的师资队伍建设，切实以市场为导向，明确人才培养目标。同时，增加成人教育中的职业技能相关内容，提升劳动者的就业率和市场适应能力，使成人教育最大限度地符合劳动力市场的需求。

第九章 教师教育

教师教育是对教师培养和培训的统称，是在终身教育思想指导下，按照教师专业发展的不同阶段，对教师实施职前培养、入职培训、在职研修等连续的、可发展的、一体化教育的过程。

与教师相关的支出是柬埔寨教育支出的最大组成部分。柬埔寨政府认为，教师的教育和表现情况极大地影响着学生的学习和成长情况。发展教师教育、建设高质量的教师队伍，是提升教育质量的重要一环。柬埔寨政府已将提高教师质量确定为改善教育系统的最重要因素，以便到 2030 年成为中等偏上收入国家，到 2050 年成为高收入国家。

第一节 教师教育的发展和现状

一、教师教育的发展历程

柬埔寨的正规教育始于法国殖民时期，但发展有限。最初，僧侣担任佛教教育的教师，而正规学校的教师任职无任何限制条件。[1]1903 年，法

---

[1] 金苏. 柬埔寨教育史 [D]. 南宁：广西民族大学，2021.

国殖民政府要求，无论是法国教师还是高棉教师都需至少获得基础教育的毕业证书才能任教。1906年，法国殖民政府成立专门委员会，对即将上岗的教师进行资格审查。1923年，柬埔寨在西索瓦中学成立了一所师范学校，该校负责培养合格的教师。1924年，春克里佛堂学校开设僧侣教师培训班。此后，柬埔寨开设未来教师培训班和教学方法培训班。从1932年开始，教师上岗须持有教学方法证书。此证书需要通过考试获得，考试科目包括试讲和口语测试。

西哈努克时期，柬埔寨教育发展较快，导致教师数量不足。政府积极采取措施培养教师，并提高教师的教学水平，以保证教学质量。1958年，原建于西索瓦中学的师范学校改名为国家师范学院，由教育部管理，负责培养小学及初高中教师。1960年，教育部从获得中等教育证书的学生中选拔教师候选人，这些教师候选人需要参加为期一年的师范培训课程，培训内容包括普通心理学、普通教育学、法语、高棉语、高棉教学法、数学教学法、职业技能教学法、实践教学法、职业道德、学校管理等。此外，这些教师候选人还需要到金边的小学实习，完成学业并通过考试者方可成为教师。

20世纪80年代，柬埔寨政府通过启动"综合小学教育和教师培训"，使基础教育得到了较大发展。这一时期教育最突出的问题是入学人数快速增长与教师水平、教师培训严重落后的矛盾。当时的教育目标是让尽可能多的失学青少年入学，招募的教师主要是红色高棉时期幸存的教师或曾经受过教育的人，这些人在接受了各种短期培训（半个月、3周或1个月）后成为教师开展教育。成为教师的标准是"具有一般知识，而不是具备某种教学技能或教学方法"。[1]他们授课的重点仅仅是基础识字，但对于创伤恢复期的柬埔寨来说，这种教师教育制度有助于迅速解决识字率低的问题并

---

[1] DUGGAN S J. Education, teacher training and prospects for economic recovery in Cambodia[J]. Comparative education, 1996(3): 361-376.

提升学生的计算能力，重塑文化与身份认同，是柬埔寨政府必要的举措。到 1980 年年底，在校学生人数增加到 1 300 000 人，教师人数为 30 000 人，一年后，人数分别增长为 1 503 000 人和 37 000 人。柬埔寨在首都重新开设了高等师范学校和教育学校，在那里培训了 3 000 名教师，并建立了 20 个省级培训中心。1979—1981 年，柬埔寨共培训了 12 000 名教师。[1] 柬埔寨教育的恢复是国家努力恢复教师培训的结果。当时的教师在速成方案下接受了培训，但培训的质和量是完全不够的。不合格的教师占比很大，而正是这些未经系统培训的教师负责着成千上万儿童的教育工作。

1982 年，省级教师培训中心开始为小学教师提供正式的、为期一年的职前培训课程，金边王家大学开始对初中和高中教师进行为期一年的职前培训。1990 年，这个培训项目延长为两年。20 世纪 90 年代初，柬埔寨政府确定了小学教师的准入要求为 8+1，即 8 年的普通教育加 1 年的教师培训，初中教师的准入要求为 8+2，即 8 年的普通教育加 2 年的教师培训。此后，教师的准入门槛逐渐提高：接受普通教育的年限增加，所需的教师职前培训也增加。小学教师由 8+1 逐步发展到今天的 12+2（12 年普通教育加 2 年的教师培训）。初中教师从 8+2 发展到今天的 12+2（12 年普通教育加 2 年的教师培训），而高中的要求从 11+3（11 年普通教育加 3 年的教师培训）到现在的 12+4+1（即获得大学学位加 1 年的职前培训）。

为缓解农村教师紧缺的问题，柬埔寨政府允许偏远地区的九年级学生接受教师培训后返回当地任教。但这并不足以解释柬埔寨教师队伍学历整体较低的现象。[2] 这些只有初中学历的教师却在教高中课程，他们缺乏对所教内容的理解，往往只能采用教师控制和死记硬背的教学方法。教师较低的学历水平制约了柬埔寨的教育质量。

————————

[1] DUGGAN S J. Education, teacher training and prospects for economic recovery in Cambodia[J]. Comparative education, 1996(3): 361-376.

[2] KING E F. CFS policy and Cambodian teacher education and training: Beeby revisited[J]. The international education journal: comparative perspectives, 2018, 17(2): 16-29.

二、教师教育的现状

进入 21 世纪以来，教育、青年和体育部和利益相关方不断努力为教师提供更好的工作环境和持续的专业支持，教师职业的受欢迎程度显著提高。教师的受教育时间逐渐增加，受教育质量逐渐提高，申请成为教师的高中毕业生人数和大学毕业生人数每年都在增加。从事各阶段教育教学的教师数量有了显著的增加，从 2000 年的 7.8 万人增加到 2022 年的约 11.6 万人，其中，高中教师数量的增长最为引人注目。[1]

柬埔寨教师教育工作分为两部分：职前教育和在职教育。教师培训中心、师范院校、国家教育学院等不仅负责培养师范生，同时也为在职教师提供函授进修等再培训。金边有柬埔寨唯一一所幼儿园教师培训中心。幼儿园教师培训中心提供两年的师范课程；十四个省级教师培训中心培养小学教师，四个区域教师培训中心培养初中教师，学制均为两年。目前，各级教师培训中心的师范课程由教育、青年和体育部规划。教师培训中心的师范课程由四个部分组成。第一部分是 525 学时的专业技能培训，包括：心理学、普通教育学、入学准备、全纳教育、学术管理、职业道德、文明、环境、性别意识、图书馆和人权。第二部分是 425 学时的加强基础知识培训，这部分主要包括高棉语、数学、外语和信息通信技术方面的知识。第三部分是 1 209 学时的小学知识和方法加强培训，这部分侧重如何教授小学课程知识。第四部分是 552 学时的实习。[2]

柬埔寨有两所师范学院（一所为金边师范学院，另一所为马德望师范学院）。师范学院培养基础教育阶段（一至九年级）教师，学制为四年，学生毕业后获得学士学位。

---

[1] 资料来源于柬埔寨教育、青年和体育部官网。

[2] KING E F. CFS policy and Cambodian teacher education and training: Beeby revisited[J]. The international education journal: Comparative perspectives, 2018, 17(2): 16-29.

位于金边的国家教育学院被认为是柬埔寨最好的教师培训机构之一。对于职前培训，国家教育学院提供：（1）高中教师专业培训课程（柬埔寨唯一负责培训高中教师的机构）；（2）初中法语、英语专业教师培训课程；（3）教育管理硕士课程；（4）教育督察员（系统检查）培训课程；（5）校长培训课程。对于在职培训，国家教育学院：（1）为现有教育督察员提供系统检查培训；（2）为高中教师提供教学内容、教学方法、实验室科学技能等培训；（3）为省级教育行政官员提供培训；（4）开展关于新教学检查制度的高中主任培训等。[1] 国家教育学院的课程以教育学、文学、理学为主，同时加强各学科知识、技能和价值观的教学，要求学生的教育实习要达到 990 学时。[2]

金边王家大学则是柬埔寨唯一一所被认为是符合《教师教育提供者标准》的高等教育机构。

尽管柬埔寨设立了以上教师教育机构，但柬埔寨的教师教育机构在数量、设施和能力方面都远远不够。柬埔寨生师比仍然过高，根据柬埔寨教育、青年和体育部网站信息，2018—2019 学年，小学的生师比为 44∶1，中学阶段的生师比为 22∶1。目前，柬埔寨约有 6% 的教师在幼儿园工作，49% 在小学工作，45% 在中学工作。每年约有 5 000 名新培训的教师加入该行业，另有约 2 000 人离开教育系统。根据柬埔寨教育、青年和体育部 2022 年的统计数据，在教师学历方面，柬埔寨拥有高中学历的教师占比最大，为 43 435 人，占比第二的是拥有本科学历的教师，人数是 30 568 人。但仍有 2 796 人只完成了小学阶段教育。目前，几乎三分之二的教师学历低于本科（如图 9.1 所示）。[3]

---

[1] 资料来源于国家教育学院官网。

[2] 资料来源于金边师范学院官网。

[3] 资料来源于柬埔寨教育、青年和体育部官网。

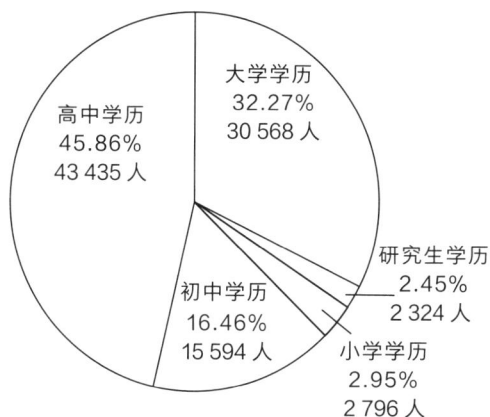

图 9.1 2021—2022 学年柬埔寨公立学校教师学历情况

　　大多数柬埔寨教师的学历水平低于本科，他们在后续职业生涯中，很少能获得专业发展机会。柬埔寨教师迫切需要在教师职前培训之外获得持续的教师专业发展机会，需要在整个职业生涯中有更新教学知识和技能的机会。柬埔寨教育、青年和体育部在《教师政策行动计划》中明确要求，在职教师必须继续学习，达到学士和硕士水平，以成为合格的教师。柬埔寨教育、青年和体育部设计"教师职业通道"，允许教师在其职业生涯中持续提升自己，获得学分、证书，并在新的专业领域完成新的任务。[1] 有效的教师发展计划有助于提升教师的发展自主性和能动性，激发其持续学习的兴趣，提升其学习效率，培养其独立学习和教学的能力，并激发其追求卓越教学的内在动力。[2]《柬埔寨专业持续发展框架和行动计划》将"持续专业发展"定义为"旨在帮助课堂和专业教师和学校校长提高其专业知识、技能、能力和有效性的各种专业培训、正规和非正规教育或高级专业

---

[1] 资料来源于柬埔寨教育、青年和体育部官网。

[2] VISAL S, OEURN C C, CHHINH S. The teaching profession in Cambodia: progress to date and ongoing needs[M]//MCNAMARA V, HAYDEN M. Education in Cambodia from Year Zero towards International Standards. Singapore: Springer Nature Singapore Pte Ltd, 2022: 225-255.

学习"。[1] 教师教育要以持续专业发展的形式贯穿教师的整个教学生涯。

为了解决教师学历低的问题，教育、青年和体育部在国家教育学院开通了"快速通道"培训计划，为已入职教师提供在职教育，逐步将现有教师提升到文学学士或教育学士水平，将教师培训中心和师范学院的教师提升到文学硕士水平。具体而言，教育、青年和体育部与金边王家大学签订了一份为期五年的合同。金边王家大学在六个专业提供在职教育学士课程：高棉语、历史、数学、物理、化学和生物，以期提升 2 200 名教师的学历水平。根据培训方案，教师学员需要在 18 个月内完成 60 个学分的学习内容，才能从金边王家大学的"快速通道"培训计划中获得学士学位或教育学士学位。

柬埔寨教育、青年和体育部和联合国教科文组织共同设计，由全球教育伙伴关系资助，于 2018 年 6 月启动了《加强柬埔寨教师教育方案》，通过引入新的教学方法来改善教师的早期学习质量，从而增加教师的知识储备、提升其技能，为提高整体教育质量奠定坚实的基础。《加强柬埔寨教师教育方案》中一项重要的干预措施是开发新的专业持续发展系统以支持教师的专业发展，促使专业持续发展系统在柬埔寨制度化。柬埔寨教师专业持续发展系统由教育、青年和体育部教师培训司和人事司开发，旨在根据已确定的需求，提升教师专业实践能力。柬埔寨教师专业持续发展系统包括高质量的职前教育、入职培训、在职教育。该系统正在柬埔寨 100 所小学进行试点。[2] 柬埔寨教师专业持续发展系统评估教师的专业学习需求，支持每位教师制定专业学习计划。教师可通过手机应用程序申请相关的专业持续发展课程。在成功完成这些课程后，教师将获得学分，这些学分记录在人力资源管理信息系统的专业持续发展模块中。

---

[1] 资料来源于柬埔寨教育、青年和体育部官网。

[2] 资料来源于柬埔寨教育、青年和体育部官网。

第二节 教师教育的特点

一、把发展教师教育作为前沿战略

为提高整体教育质量，柬埔寨积极提升师资力量，加强在职培训，提高教师的水平和能力。柬埔寨政府先后出台多项政策法规，规范教师教育，并加强与国际组织的合作，吸引资金投入到柬埔寨教师教育中。教育、青年和体育部制定了《2019—2023 年国家教育战略规划》。该教育战略规划要求教师能够在课堂上进行多元文化教学，强调教师应将核心技能应用于日常教学（应具备创造性、批判性思维、问题解决能力、沟通和协作能力）；应能应对环境的变化（应具备好奇心、毅力、勇气、适应能力、领导能力、社会和文化意识）；应掌握以学生为中心的教学法；应能够在学生个人层面管理其学习过程、回应学生的学习需求，并整合形成性评估和总结性评估。[1] 为实现这些目标，柬埔寨制定了《教师政策行动计划》，旨在为教师在职培训和职前培训设计新的国家教师教育架构，为教师政策的系统改革指明方向和提供具体方案。

二、推动教师教育制度化、规范化

柬埔寨通过明确的部门分工和多项文件，推动教师教育制度化和规范化。教师培训中心负责为实习教师和在职教师提供职前和在职教育。政府还着力改造教师培训中心，努力将其发展为四年制的教师教育学院，为柬

---

[1] 资料来源于柬埔寨教育、青年和体育部官网。

埔寨准教师提供更专业和更高质量的职前和在职培训。

　　教育、青年和体育部的教师培训司领导教师培训中心，并为其提供技术支持、培训和资源，并在管理和技术方面鼓励和支持教师培训中心有更多的独立性。[1]

　　教师专业持续发展计划与教师资格相联系，使教师教育和教师晋升的关系制度化、规范化。这种联系有助于促使教师在课堂上使用新的教学方法，提升教学质量。教师的职前教育从9+2培训模式提升到12+2模式，其中，高中教育提升到12+4+1模式，这一举措大幅提高了准教师的受教育水平，保障了教育的质量。

　　《教育人员专业持续发展框架和行动计划》要求教师和学校主管每年完成100小时的专业发展教育。2019年9月，柬埔寨通过了《教师和学校董事专业持续发展框架和行动计划》，以协助教师在21世纪不断提升作为教育工作者的专业能力。柬埔寨相关政府官员曾强调："在全国范围内实施协调良好的专业持续发展制度，专业人员必须增强知识储备、提高技能和端正态度，这符合全民终身学习的概念。"[2]

　　虽然柬埔寨现在仍然有很大比例的教师达不到国家的要求，但有了规范化、制度化的教师教育，后续进入行业的教师将会成为柬埔寨教育质量的有力保障。

---

[1] 黄斗，邓芳娇. 柬埔寨教师教育体系发展状况分析 [J]. 文教资料，2009（9）：122-124.

[2] 资料来源于柬埔寨教育、青年和体育部官网。

第三节 教师教育的挑战和对策

一、教师教育的挑战

（一）岗位吸引力不足

柬埔寨教师的工资普遍偏低，对高素质人才吸引力较低，柬埔寨通常从成绩最差的高中毕业生中招聘教师。世界银行的一项调查发现，在选定的柬埔寨省份中，84.9% 的省级教师培训中心学生在其高中毕业考试中取得了 D、E 甚至是 F 级的成绩，在接受调查的人中，没有人在高中毕业考试中取得 A 或 B，只有少数取得 C。成为教师通常是大多数毕业生的最后选择。[1]

教师行业吸引力不足和教师工作积极性不强的原因之一是柬埔寨大多数公立学校教师的工作条件较差、工资待遇不高。基础设施缺乏、教学材料不足、教学指导文件不足且指导质量较差等不利因素影响了教师的积极性。同时，虽然教师的工资已经从 2015 年的 50 万—120 万瑞尔增加到 2020 年的 120 万—210 万瑞尔，[2] 但教师在柬埔寨仍不属于高薪行业。同时，激励与绩效之间的关联性不强，问责制度薄弱，学校管理措施不力，教育系统的任命程序不规范等问题也严重影响了教师职业的吸引力。优秀的高中毕业生更愿意进入大学而不是教师教育机构继续学习，他们毕业后更倾向于选择高薪的私营部门工作。

教育、青年和体育部提升教师队伍的计划在很大程度上依赖于合格的师范教师。然而，高素质的师范教师严重短缺。在柬埔寨，从事师范教育不如从事中学教育具有吸引力。虽然国家对教师培训机构的教师有明确的

---

[1] 资料来源于教育、青年和体育部。

[2] 资料来源于金边邮报官网。

学历要求，即在金边王家大学获得学士学位，并在国家教育学院接受 1 年的培训，但国家教育学院的毕业生在高中教书的收入明显高于在教师培训中心当老师的收入，且高中教师可以进入利润丰厚的私人辅导市场。以上原因导致柬埔寨教师培训机构面临师资不足的挑战。

（二）教师培训机构数量不足

柬埔寨教师培训机构数量不足。全国只有 1 所幼儿教师培训中心、14 所省级教师培训中心、4 所区域教师培训中心负责培养学前和基础教育阶段的教师。而能提供四年制学士学位水平教育的只有国家教育学院和新成立的 2 所师范学院。这些教师教育机构每年只能为国家输送 5 000 名毕业生进入到教师行业。

由于距离城市中心太远，缺乏舒适的生活条件，以及几乎没有任何额外的经济激励措施，教师培训机构短缺的问题在农村地区更为突出。

（三）教师资格与教学水平问题突出

柬埔寨大约五分之一的任课教师从未完成高中教育，这意味着许多教师的学历水平与他们所教的学生相差无几。[1] 据估计，多达 70 000 名教师尚未达到国家所要求的学士学位水平，需要提升学历，这给教育、青年和体育部带来了巨大的挑战。同时，许多负责教师教育的教师也不合格，学历水平较低，专业知识不够，未能掌握现代的教学方法，无法向受训教师传授未来所需的知识和技能。

---

[1] VISAL S, OEURN C C, CHHINH S. The teaching profession in Cambodia: progress to date and ongoing needs[M]//MCNAMARA V, HAYDEN M. Education in Cambodia from Year Zero towards international standards. Singapore: Springer Nature Singapore Pte Ltd, 2022: 225-255.

二、教师教育的对策

（一）提高教师职业的吸引力

吸引更多人才加入教师队伍需要柬埔寨政府以统筹的方式解决许多彼此关联的问题，如工资结构、职业地位、师范院校建设等。如果工资和声望足以吸引顶尖的高中毕业生，师范院校将能够实施更严格的入学要求。相反，如果没有更严格的入学要求，教师行业的地位下降，教师的工资也会受到影响。柬埔寨政府采取切实的改革行动，吸引更多优秀的教师候选人。近年来，教育、青年和体育部积极努力，提高教师工资，改善教师的工作条件，提高教师的职业地位，从各方面提升教师职业透明度，严格规范教师教育的入学选拔程序。政府实施的这些措施能够落实教师教育的教学自主权，促进教师职业化、专业化发展，提高教师的职业荣誉感，鼓励更多的年轻人未来从事教师职业。

（二）提高教师准入要求

教师培训中心的生源质量并不理想，这制约了柬埔寨未来的师资力量和教学质量，因此，柬埔寨政府提高教师准入门槛，提高各级各类教师的学历要求，建立教师从业资格审核机制，确保教师行业专业化、精英化，从而保障柬埔寨的整体教育质量。柬埔寨拓宽学生进入教育行业的求学路径，通过多种途径遴选乐教、适教的教师候选人，根据《教师教育提供者标准》对更多的大学进行教师教育和培训工作的授权，为未来的中学教师提供更多、更专业的教师培训课程，为更多合格的毕业生投身教育事业打开大门。

（三）提高教师教育质量

为建设高素质专业化教师队伍，提高教师教育质量，柬埔寨不断建立健全教师教育质量保障体系，从源头上提升教师队伍整体素质和专业化水平。教师教育质量保障体系通常是指为确保职前教师培养达到一定的质量标准，在生源、认证、评估、投入等方面采取的系统性的教师教育政策措施。[1] 柬埔寨通过颁布政策，明确教师教育总体要求，将教师教育对标教师职业标准，吸引优秀适教生源，对教师培训机构提出具体实践要求，在教师教育中增加关于实习时长和质量的要求，对实习时间、实习内容、实习指导、实习评价等予以详细的规定。各级学校为在职教师保留专业发展的多个轨道，开展高质量在职培训，以提高教师能力。同时，柬埔寨政府不断加大对教师教育的财政投入，通过增加经费保障教师教育质量。

---

[1] 王薇. 国际教师教育质量保障体系的构建及其启示 [J]. 教师教育研究，2017，29（3）：114-120.

第十章 教育政策

　　教育事业的繁荣与发展需要良好的教育政策引导。柬埔寨政府在建立法律政策框架方面取得了重大进展。柬埔寨通过颁布教育法规和政策明确了教育的战略地位、教育发展的总目标、教育体制改革的原则、各类教育的办学体制、基础教育及高等教育体制改革的要求、教师社会地位提高的办法，教育投资增加等事宜，对柬埔寨教育改革与发展起到了很好的导向作用、协调作用、控制作用和规范作用。

第一节 政策与规划

　　柬埔寨教育政策主要包括教育法律法规、教育战略、教育路线、教育方针、教育规划等，这些教育政策确定了柬埔寨教育的目标和宗旨，明确了教育部门的问题和挑战，为教育领域改革发展指明了方向，提出了解决办法和改革措施。

一、法律法规

1993 年，柬埔寨宪法明确了柬埔寨公民有接受正规基础教育的平等权利和机会。国家保护公民接受素质教育的权利，并采取必要的措施，惠及全体公民；国家应当向公立学校的所有公民提供中小学教育；政府有义务为符合条件的柬埔寨人提供九年的免费基础教育；宪法承认人人享有受教育的权利，国家有责任保护公民在各阶段接受优质教育的权利。1999 年，修订后的宪法规定，政府应在全国范围内建立一个全面和标准化的教育制度，保障教育自由和平等。

柬埔寨政府 2007 年 11 月 21 日颁布《教育法》，规范教育管理，明确教育制度、原则、计划，确保教育质量与效率。《教育法》规定，每个公民都有权接受至少九年的免费公共教育。柬埔寨政府认为教育是一项基本人权，强调教育在公民的全面发展中发挥着关键作用。通过颁布《教育法》，柬埔寨明确了教育目标：通过通识教育向学生传授知识和技能，提高学生的文化素质和认知水平；帮助学生提高心理和身体素质，教导学生遵守法律和尊重人权，培养学生自信自立、勇于担当、民族团结和爱国主义的精神。《教育法》是教育系统的主要监管依据，它构成了柬埔寨现代教育体系的基础。同时，《教育法》还明确了柬埔寨要建立全面、规范的教育体系，包括正规教育、非正规教育和非正式教育。柬埔寨的教育体系由当地教育机构提供的公立和私立教育组成。《教育法》的目标是开发国家人力资源，为学习者提供终身教育，使其获得知识、技能、能力、尊严、良好的道德行为和品质，提高学习者对民族认同、文化和语言的认识。[1]

---

[1] 资料来源于柬埔寨教育、青年和体育部官网。

二、主要政策

（一）全民教育国家计划

2000 年 4 月，在世界教育论坛上，与会代表通过了《全民教育达喀尔行动框架目标协议》《全民教育：实现我们的集体承诺》，并商定了到 2015 年实现 6 个教育目标：（1）发展全面的幼儿保育和学前教育，特别是针对最脆弱的和处境最不利的儿童的保育和教育；（2）普及基础教育，确保到 2015 年，所有处境困难的儿童，特别是女童和少数民族儿童，都有机会接受并完成高质量的免费义务初等教育；（3）确保教育公平性，促使所有年轻人和成年人能获得生活技能培训和终身学习的机会；（4）提高成人识字率，所有成人都有平等机会接受基础教育和继续教育；（5）实现教育中的性别平等，重点是确保女孩充分、平等地接受和完成高质量的基础教育；（6）提高教育质量，使所有人都能取得能被公认的和可衡量的学习成果。柬埔寨政府参加了此次会议，并签署了《全民教育达喀尔行动框架目标协议》，承诺实现柬埔寨全民教育。会后，柬埔寨政府成立全国全民教育委员会，全国全民教育委员会负责制定全民教育战略，起草政策和条例，与社区、国际非政府组织和私营部门合作，以支持和确保柬埔寨全民教育相关计划的顺利实施。全国全民教育委员会的成员由来自教育、青年和体育部，内政部，经济和财政部，国防部，农村发展部，妇女事务部，卫生部，农林水产部，文化和艺术部，宗教部，柬埔寨发展委员会等部门和机构。在《全民教育达喀尔行动框架目标协议》《全民教育：实现我们的集体承诺》框架下，柬埔寨政府在 2003 年颁布《全民教育国家计划》。《全民教育国家计划》的重点是：（1）两性平等；（2）幼儿保育和发展；（3）正规基础教育；（4）非正规教育和成人扫盲。[1]该计划既注重教育普及，也注重教育质量，致力于扩大学龄儿童的教育机会。不论性别、地域、财富和健康状况，所有学生都能够充分、平等地接受教育。同时，通过提高教师素质、加强教材配套工作、提高管理能力来提升教育系统的效率和质量。

（二）《柬埔寨 2030 年教育路线图——可持续发展目标 4》

2000 年 9 月，《联合国千年宣言》设定了 8 个目标：消灭极端贫穷和饥饿；普及初等教育；促进两性平等并赋予妇女权利；降低儿童死亡率；改善产妇保健问题；与艾滋病、疟疾和其他疾病作斗争；确保环境的可持续能力；制定促进发展的全球伙伴关系。2003 年，柬埔寨制定了适合本国的《柬埔寨千年发展目标》，其中，与教育相关的是柬埔寨千年发展目标 2——普及初等教育。柬埔寨的初等教育获得了政府的大力支持，取得了重大进展。

2015 年 5 月，在韩国仁川举行的世界教育论坛通过了《教育 2030：仁川宣言和行动框架——实现包容和公平的全民优质教育和终身学习》，该宣言是对《全民教育达喀尔行动框架目标协议》中的全民教育目标的进一步呼应。《教育 2030：仁川宣言和行动框架——实现包容和公平的全民优质教育和终身学习》标志着 2030 年全球教育新愿景的开始，旨在确保包容和公平的优质教育，促进全民终身学习。2015 年 9 月，联合国可持续发展目标峰会正式通过了 17 项联合国可持续发展目标。《教育 2030：仁川宣言和行动框架——实现包容和公平的全民优质教育和终身学习》中确立的 2030 年全球教育愿景是 17 项联合国可持续发展目标中的第 4 项，被称为"可持续发展目标 4——2030 年教育愿景"。

联合国可持续发展目标第 4 项为优质教育：确保包容、公平的高质量教

---

[1] 资料来源于柬埔寨教育、青年和体育部官网。

育，促进全民享有终身学习的机会，将教育作为一项基本人权，这是实现所有可持续发展目标的必备要素。可持续发展目标 4 有 7 个总体目标、3 个实施目标和 11 个具体指标。

《柬埔寨 2030 年教育路线图——可持续发展目标 4》是柬埔寨教育、青年和体育部与各利益相关方和发展伙伴磋商和严格分析后，将全球教育目标转化为国家具体行动的重要规划文件。柬埔寨选择 7 个全球目标作为自身可持续发展的目标。《柬埔寨 2030 年教育路线图——可持续发展目标 4》总体目标为：到 2030 年，（1）确保所有女孩和男孩完成免费、公平和高质量的小学和中学教育，并取得相关学习成果；（2）确保所有女孩和男孩都能获得高质量的幼儿护理和学前教育，以便他们准备好接受初等教育；（3）确保所有女生、男生平等获得负担得起的、高质量的职业教育和高等教育；（4）消除教育方面的性别差异，确保残疾人、土著人民、弱势群体平等地获得各级各类教育；（5）无论男女，确保所有青年和较大比例的成年人具备识字和计算能力。实施目标为：（1）建立和完善利于儿童、残疾人士和性别敏感群体的教育设施，并为所有人提供安全、非暴力、包容和有效的学习环境；（2）大幅增加合格教师数量，通过国际合作，对柬埔寨教师进行培训。[1]

《柬埔寨 2030 年教育路线图——可持续发展目标 4》申明柬埔寨致力于实现联合国可持续发展目标 4 的具体内容，明确柬埔寨 2030 年的教育愿景，为柬埔寨确定了教育优先事项，为教育发展提供了总体框架。《柬埔寨 2030 年教育路线图——可持续发展目标 4》制定了以下 7 项战略：（1）构建一个强大的具有区域竞争力的知识型社会教育体系，资源充足、管理良好、平衡发展，以公平、包容、高效、优质为核心原则；（2）提供优质教育和终身教育，使教育成为社会经济发展的催化剂；（3）全力建设一个具有专业胜任力的柬埔寨教育、青年和体育部，明确教育发展的方向，确保教育行政的高效性，监督教育系统的表现，以实现国家教育目标；（4）全面改善柬埔寨

---

[1] 资料来源于柬埔寨开放发展局官网。

学校的教学环境，确保学生享受优质的教育；（5）加强教师培训，优化教师结构，支持教师发展，提高教师待遇，使教师始终遵循最高的道德和专业标准，以确保所有学生取得成功；（6）打造"智能教室"，为学生提供最好的学习机会，教师的角色转变为学习的促进者，通过有效运用各种互动和协作的教学方法，提高学生的学习质量；（7）以学生为中心，关注学生身心健康，培养学生乐观、积极、忠诚的优良品质。[1]

表 10.1 呈现了《柬埔寨 2030 年教育路线图——可持续发展目标 4》部分指标的基线和阶段性目标。[2]

表 10.1《柬埔寨 2030 年教育路线图——可持续发展目标 4》部分指标 [3]

部分指标	基线 （2018 年）	2019— 2023 年	2024— 2028 年	2030 年
5 岁儿童接受任何形式学前教育的入学率	68.5%	76.0%	81.5%	84.1%
具备饮用水和基本卫生设施的幼儿园百分比	30.5%	55.3%	72.9%	80.0%
合格学前教育教师的百分比	57.6%	62.4%	76.8%	80.0%
小学毕业率	82.7%	86.2%	89.7%	91.1%
具备饮用水和基本卫生设施的小学百分比	60.2%	80.1%	94.3%	100.0%
合格小学教师的百分比	62.9%	76.5%	81.6%	90.0%
初中毕业率	46.5%	52.6%	58.7%	61.1%
具备饮用水和基本卫生设施的初中百分比	33.0%	47.6%	56.5%	60.0%

---

[1] 资料来源于柬埔寨教育、青年和体育部官网。

[2] 资料来源于柬埔寨教育、青年和体育部官网。

[3] 精确到小数点后一位。

部分指标	基线 （2018 年）	2019— 2023 年	2024— 2028 年	2030 年
合格初中教师的百分比	34.5%	52.3%	64.9%	70.0%
适合残疾学生就读的 中小学百分比	0	10.7%	17.3%	20.0%
高中毕业率	23.6%	32.5%	41.4%	45.0%
具备饮用水和基本卫生 设施的高中百分比	59.4%	74.7%	85.6%	90.0%
合格高中教师的 百分比	98.0%	98.5%	98.9%	99.0%
高等教育入学率	11.6%	16.9%	22.7%	25.0%
职业教育参与率 （15—24 岁）	0 （2016 年）	18.7%	30.3%	35.0%
成人识字率（15 岁以上）	82.5%	88.0%	93.5%	95.7%

（三）战略计划

为实现全民教育和可持续发展教育目标，柬埔寨颁布了许多教育政策、制定了许多行动计划。部分重要文件见表 10.2。

表 10.2　2004　2021 年柬埔寨政府颁布的部分教育政策

时间	政策
2004 年	《2005—2009 年课程发展政策》
2005 年	《2006—2010 年国家教育战略规划》
2007 年	《儿童友好学校政策》
2008 年	《残疾儿童教育政策》

续表

时间	政策
2009 年	《2009—2013 年国家教育战略规划》
2010 年	《国家幼儿保育发展政策》《教育部门研究发展政策》
2011 年	《2011—2015 年教育部门研究总体计划》
2013 年	《教师政策》
2014 年	《2014—2018 年国家教育战略规划》《2030 年高等教育政策》
2015 年	《教师政策行动计划》
2016 年	《教师教育提供者标准》《学校儿童保护政策》 《"新一代学校"改革官方政策指南》
2018 年	《全纳教育政策》
2019 年	《国家终身学习政策》 《面向教师和学校主管的持续专业发展框架》 《2019—2023 年国家教育战略规划》 《2030 年柬埔寨教育路线图——可持续发展目标 4》
2021 年	《柬埔寨 2030 年中学教育蓝图》 《2030 年柬埔寨科学技术创新路线图》 《2020—2024 年教育部门研究总体计划》

2004 年，柬埔寨政府颁布"四角战略"，"四角战略"成为柬埔寨未来规划发展的框架。柬埔寨教育、青年和体育部根据"四角战略"部署工作，每四年发布一次《国家教育战略规划》和中期评估报告。

《2014—2018 年国家教育战略规划》的愿景是开发高质量和高道德的人力资源，以便在柬埔寨建立一个以知识为基础的社会。

《2019—2023 年国家教育战略规划》分析了过去 4 年的教育成果，审视了各个教学和管理部门对教育政策的执行情况，指出了现阶段所面临的困境和挑战，提出了各学段教学单位和管理单位的目标。[1] 为实现相关目标，

---

[1] 资料来源于柬埔寨教育、青年和体育部官网。

教育、青年和体育部制定了两项策略：（1）确保包容的、公平的高质量教育，并为所有人创造终身学习机会；（2）确保各级教育官员领导和管理工作的有效性。教育、青年和体育部制定了五大支柱框架，包括：（1）实施教师政策行动计划；（2）修订课程、教科书，改善学校环境；（3）实施检查制度；（4）加强学生学习评估工作（如进行国家级考试，进行国家、地区和国际范围的学生学习评估检测）；（5）高等教育改革。根据《〈2019—2023年国家教育战略规划〉中期审查报告和2025年的预测》，教育、青年和体育部在以下方面取得了重大进展：扩大了公平获得各级教育的机会；提高教育服务的质量和针对性；增加终身学习的机会；提升教育服务管理的效率和有效性。

在教育管理方面，柬埔寨许多政策文件都对其有所强调。《2014—2018年国家教育战略规划》明确指出，要加强管理，实现地方分权和权力下放，提高部门效率。《2019—2023年国家教育战略规划》要求，确保各级教育官员领导和管理工作的有效性，政府应引入校本管理制度来应对教育发展的变化。校本管理制度允许学校自己管理和决策，这分散了政府高层的决策权，为自主治理和自主决策提供了空间，有利于提高教学和学习质量。教育、青年和体育部采取了不同的方法来实现以校本管理为中介的学校问责制。此外，校本管理制度还有利于落实财务问责制和改善财务管理工作，使资金可以有效地分配到需要的地方。

《2020—2024年教育部门能力发展总体规划》强调全面、系统和可持续的能力发展，以此回应《2019—2023年国家教育战略规划》的第二项政策，确保各级教育官员领导和管理工作的有效性。《2020—2024年教育部门能力发展总体规划》为教育、青年和体育部提供了有效管理的方向，具体包括注重结果、及时监测、报告成果、反馈、问责。它确定了六个关键优先事项：政策规划和财务管理改革；人力资源管理改革；监测和评价改革；教师培训改革；校本管理与课程开发改革；学校检查和学生学习评估改革。

在师资能力方面，教育、青年和体育部先后颁布实施《教师政策》《教师政策行动计划》《教师能力建设计划》《面向教师和学校主管的持续专业发展框架》，要求教师具备专业能力、学术水平和教学技能，对教学充满热情，热爱学生，确保教师成为有道德的职业，教师始终以最高的道德和专业标准行事，帮助学生获得成功。政府通过各项政策不断提高教师职业地位，持续给予教师专业发展支持，吸引和留住最有资格和积极性的人加入教师行列，以实现教育、青年和体育部的愿景，即培养和发展高质量和道德健全的人力资源，从而将柬埔寨建设成为知识型社会。

在教育公平方面，柬埔寨教育、青年和体育部制定了《全纳教育政策》，关注有特殊需要的儿童和边缘化群体，确保不同群体获得公平入学的机会。在其战略框架内，确保学习课程能够面向有特殊需要的学生。该政策还侧重于学校的基础设施和卫生设施，提出要为有特殊需要的学生提供一个安全和舒适的环境。《国家终身学习政策》不仅强调正规教育，而且也密切关注职业教育、非正规教育和非正式教育。[1] 该政策确保所有柬埔寨人，特别是辍学者、少数民族、移民、失业者和边缘化群体，都能在任何年龄获得有用的技能和受教育的机会，以维持其生活。

在科学技术方面，柬埔寨政府通过各种计划和政策，在各级教育中加入了科学、技术、数学和工程以及信息与通信技术的内容。在《2030 年柬埔寨科学技术创新路线图》中，在科学、技术和创新领域建设人力资本被列为优先目标之一。该政策预计，到 2030 年，50% 的柬埔寨大学生将学习科学、技术、工程、数学专业，其中 40% 的学生是女性。[2] 为应对 21 世纪信息与通信技术和数字时代的发展要求，柬埔寨政府颁布《教育领域信息计算机技术的原则与战略》，不断营造对信息和通信技术发展有利的环境，增加信息和通信技术教育。

柬埔寨政府在教育领域出台多项具体的政策与规划，确保柬埔寨学生

---

[1] 资料来源于柬埔寨教育、青年和体育部官网。
[2] 资料来源于柬埔寨工业、科学、技术和创新部官网。

有接受教育的机会，提高教育质量，改善教育部门管理工作，取得了良好的效果。各级各类教育机构数量不断增加，教育覆盖率不断提高，教育质量不断提升，师资结构不断优化，教育经费逐年增加，教育国际化程度不断加深。[1]

第二节 实施与挑战

柬埔寨的国家教育愿景是通过开发人力资源，建立知识型社会。为此，柬埔寨政府不断推进教育改革，致力于建立以公平、包容、高效和优质为核心原则的教育体系，为柬埔寨公民提供资源充足、管理良好和发展平衡的高质量教育。

一、政策与规划的实施

作为《全民教育达喀尔行动框架目标协议》集体委员会的成员之一，柬埔寨政府于 2001 年 8 月颁布法令，宣布成立全国全民教育委员会，以期达成相关目标。为推进实现该协议中的全民教育目标，柬埔寨政府努力提高小学和中学的入学率，在全国大举建立小学，在所有地区建立初中，取消义务教育阶段的入学费用，向贫困学生提供奖学金，加大对贫困地区学校的资金支持，增加弱势儿童和青年的入学机会，降低复读率和辍学率，向小学低年级学生提供阅读和数学方面的额外支持，提升基础教育阶段的教育效率和教育质量，倡导提供少数民族教育和双语教育，以期减少土著

---

[1] 资料来源于柬埔寨教育、青年和体育部官网。

儿童在教育过程中的语言障碍，从而提高入学率。

柬埔寨教育、青年和体育部努力贯彻教育战略计划和教育改革规划，努力推进全国教育，取得了重大成果。柬埔寨政府制定并实施了新的一揽子改革方案，在各级学校系统中掀起了新一轮改革浪潮，其中包括：加强公共财政管理的改革、加强人事管理的改革、进行考试改革、创建智库等。其中一项教育改革特别具有创新性，即"新一代学校"改革。"新一代学校"改革所涉及的学校在创新发展和提高教育标准方面拥有自主权，可根据实际需要自行拟订本校的教育方案，进而实现长期的、可持续的发展。这是教育、青年和体育部贯彻落实"校本管理制度"的一个具体体现。

通过贯彻落实《全民教育国家计划》及相关文件规划，柬埔寨政府增加教育预算，有效利用发展伙伴的支持资金，在多个方面获得显著进展。

在机构数量方面，全国学前教育到中等教育学校数量从 2013—2014 学年的 14 852 所增加到 2022—2023 学年的 18 830 所，具体包括幼儿园 8 607 所，小学 8 067 所，初中 1 340 所，高中 816 所（含技术高中 19 所）。高等教育机构从 2013—2014 学年的 110 所增加到 2021—2022 学年的 132 所，其中公立高等教育机构从 67 所增加到 84 所。在人数方面，接受各种形式学前教育服务的幼儿人数从 2013—2014 学年的 249 499 人（121 912 名女生）增加到 2022—2023 学年的 387 279 人（194 072 名女生）。2013—2014 学年的小学生人数约为 210 万，2022—2023 学年约为 220 万。2022—2023 学年，小学入学率约为 95.7%。2013—2014 学年，初中生人数为 540 454 人（女生 268 805 人），2022—2023 学年，初中生人数为 694 161 人（女生 362 655 人）。2013—2014 学年，初中总入学率为 55.3%（女生 55.0%），2022—2023 学年，初中总入学率为 83.7%（女生 85.9%）。2013—2014 学年，高中生人数为 293 937 人，2022—2023 学年，高中生人数为 401 605 人（女生 218 516 人）。高中教育总入学率从 2013—2014 学年的 24.9%（女生 24.9%）上升到 2022—2023 学年的 39.4%（女生 49.2%）。技术高中学生人数从 2013—2014

学年的 653 人（238 名女生）增加到 2022—2023 学年的 3 259 人（1 160 名
女生）。[1]

柬埔寨政府引入国际援助，分配更多的资金来支持教育发展，落实相
关规划。2017—2022 年，柬埔寨政府联合世界银行向《中等教育改善项目》
投资 4 000 万美元，用于提升 25 个省 100 所中学的治理能力、改善学校设
备、提升初中教师资格。[2]《金边和马德望师范学院建设项目》预算 3 700
万美元，由日本国际协力机构资助，实施期为 2017—2022 年，用于加强柬
埔寨新教师的能力。《全球教育伙伴关系基金 3》预算为 2 060 万美元，实
施期为 2018—2022 年，重点是加强校本管理、早期阅读评估、早期数学评
估，改造 11 个省的教师培训中心基础设施。《通识教育改善项目》的预算是
7 025 万美元，其中 6 000 万美元是来自世界银行的贷款，925 万美元来自全
球教育基金，100 万美元为柬埔寨政府预算，实施期为 2022—2026 年，旨在
提高普通教育的质量和公平性。《2010—2017 年高等教育质量和能力改善计
划》和《2018—2024 年高等教育改善计划》都从世界银行获得了贷款，分
别为 2 300 万美元和 9 250 万美元。[3] 这两个项目旨在提高高等教育教学、管
理和研究的质量和相关性，改进课程和评估体系，支持学术研究。

二、政策与规划的挑战

柬埔寨政府出台多项教育政策推动教育改革，对标国际，取得了令人
瞩目的成绩，惠及的适龄学生比以往任何时候都多。但在取得成就的同时，
也面临着一些挑战。

---

[1] 资料来源于柬埔寨教育、青年和体育部官网。

[2] 资料来源于柬埔寨教育、青年和体育部官网。

[3] 资料来源于世界银行官网。

第一，尚未实现部分预期。例如，参加学前教育的 1—5 岁儿童人数仍然有限，学前教育基础设施没有满足需要，学前教育教师尚未完全符合教师准入相关要求，部分学校仍缺乏卫生基础设施，多数中小学缺乏科学实验室、计算机实验室、图书馆、教材；权力下放改革工作仍缺少法律法规指导和约束。

第二，预算支出不符合预期。虽然柬埔寨公共教育经费不断增加，但总预算支出仍未达到国家预算 20% 的目标。[1] 与邻国相比，在各级教育中，柬埔寨平均到每个学生的教育预算仍然很低。此外，由于规划能力、财务管理能力、审计能力不高等原因，柬埔寨教育部门实际支出有时并不能符合预算规划，甚至实际支出有时只达到预算的百分之八九十，如遇援助资金支付迟缓，资金使用效率就会更加低下。[2]

第三，未对政策实施情况进行全面或完整的监测和评估工作。柬埔寨的监测评估政策法规体系尚未健全，监测评估具体办法或实施细则不够明确，在推动将监测评估写入相关法律法规、强化法治保障方面有待加强。监测评估是落实规划的重要手段，柬埔寨政府需不断提升监测评估能力，及时发现政策规划偏差并进行修正和调整，对规划执行情况进行评估，总结规划实施效果。

---

[1] 资料来源于柬埔寨教育、青年和体育部官网。

[2] 资料来源于世界银行官网。

第十一章 教育行政

　　教育行政机构是根据国家制定的方针、政策、法令、规章制度，领导与管理教育事业的工作部门，是国家行政机构的重要组成部分。其组织活动一般包括：规划教育行政机关的机构设置，编制具体任务、权责范围和各种工作机构相互间的分工合作关系，制定教育行政管理的工作程序、方法和制度，进行教育督导等。从所管辖的区域范围来看，可分为中央教育行政机构和地方教育行政机构。从行使职权的业务性质来看，可分为一般权限的教育行政机构和专门权限的教育行政机构。

　　从柬埔寨的教育行政发展历程来看，柬埔寨在法国殖民时期引入西方现代教育模式，但此时并无健全的教育行政体系。由于全国现代学校都由法国殖民政府创办，所以柬埔寨教育行政体现出法国占统治地位的阶级意志。

　　西哈努克执政时期，柬埔寨才建立起公共教育部，后更名为国民教育部。这一时期，柬埔寨设置了从中央到地方（各省）的教育行政机构。中央教育行政机构是国民教育部，主要职责是统管全国的教育、艺术、体育和文化工作；地方教育行政机构为省教育厅，主要职责是贯彻执行国家和国民教育部的方针、政策、法规、规章制度等。国民教育部部长和副部长由国王直接任免。国民教育部的司长、副司长，柬埔寨的大学校长、副校长，省教育厅厅长、副厅长、处长和副处长都由国民教育部部长提名，由首相任免。

　　高棉共和国时期，国民教育部被改称为教育部，其主要职责是：组织实施议会通过的教育法和政府对教育的决定，执行和落实教育政令、法令、条例、细则等。经历了近30年的内战后，柬埔寨逐渐从战火中恢复，政府把工作重点转移到教育发展上，并建立了一套新的教育行政系统。这一时期，中央教育行政机构是教育部，教育部内设有11个职能司。地方教育行政机构自上而下分为两个层次，即省级教育行政机构和县级教育行政机构。1993年，为了加强中央教育行政，使教育部能够有效管理全国各级教育行政机构和各级各类学校教育，教育部被分成教育部和高等教育部。1994年，教育部和高等教育部两部合并，称教育部。1996年，教育部更名为教育、青年和体育部。这一时期的更名与改革提高了中央教育行政机构在政府中的地位，教育行政长官的权力较大，教育、青年和体育部部长同时也是副首相。2007，《教育法》的颁布确定了国家教育法规和标准，建立了全面统一的教育制度，确定了柬埔寨教育的管理机构，以确保遵守和执行柬埔寨宪法中与教育领域相关的内容。

第一节　中央教育行政

一、国家最高教育委员会

　　根据2007年《教育法》，柬埔寨设立国家最高教育委员会。国家最高教育委员会由首相和内阁直接监督，设国家最高教育委员会秘书处负责教育系统全面的治理和发展工作，是国家教育治理的最高决策机构。国家最高教育委员会是实现教育质量目标的关键一环，主要有三个职能：（1）提高教育质量，根据社会和经济发展需要，制定长期的教育政策和战略；（2）评估教育、技术和专业培训领域的相关工作以及相关领域政策执行情况；（3）调动财政资源支持国家教育系统。[1]

国家最高教育委员会的成员多是在教育、政治、经济、科学、技术和文化方面有丰富经验的高级官员。国家最高教育委员会是负责柬埔寨教育和认证的部门机构，对教育、青年和体育部和柬埔寨认证委员会的相关事务拥有最高权力。

二、国家授权机构

柬埔寨评估委员会、国家文凭及学位评定委员会、柬埔寨认证委员会、高等教育理事会等为国家授权机构，其职权范围主要包括执行国家教育政策；保障公民在教育领域的权利和自由；根据教育标准监督教育机构的教学过程；签署教育领域的合作协议；制定教育机构的示范条例和其他规范性条例，并提交柬埔寨政府批准；根据法律法规，批准教育机构的活动章程、细则等。

柬埔寨评估委员会专门负责对所有能够授予学位的高等教育机构进行评估管理，以建立合法的高等教育评估机制，保证和提高教育质量，使之达到国际效度及标准。

由教育、青年和体育部高级官员负责的国家授权机构——国家文凭及学位评定委员会则专门负责审定国内外大学及各院校所颁发的相关证书和学位。

柬埔寨认证委员会是柬埔寨官方认证的质量保证机构，其职责包括：（1）确定高等教育机构的认证状态；（2）批准高等教育机构一年级的基础

---

[1] 资料来源于柬埔寨开放发展局官网。

课程;(3)做好相关机构和项目的质量评估及认证记录的日常维护工作;(4)对高等教育机构进行评估;(5)与其他国家和国际机构展开质量认证合作;(6)确保申请认证的高等教育机构的工作参与度;(7)向社会公开认证工作的结果报告。[1]柬埔寨各高等教育机构要经过管理体系评估、学术质量评估、课程评估,然后才能获得柬埔寨认证委员会颁发的认证证书。柬埔寨认证委员会也为高校学生授予学士、硕士和博士学位。该机构在促进柬埔寨提高教育质量、达到教育标准方面具有重要作用。

高等教育理事会有两个主要部门:高等教育司和科学研究司。高等教育司负责:(1)为高等教育机构办理运营许可证;(2)协助高等教育机构制定符合认证标准的学术课程和管理章程;(3)提高全国高等教育质量。科学研究司则通过更新教学方法,开发课程,支持研究、创新、出版工作,提高研究生阶段的高等教育教学质量和研究质量。高等教育司和科学研究司还协助政府部门执行教育相关的政策和战略,以提高柬埔寨的高等教育质量。[2]

三、教育、青年和体育部

柬埔寨规定,教育、青年和体育部领导和主管全国教育、青年与体育领域相关的工作和活动,开发适应柬埔寨经济、社会、文化发展需要的人力资源。柬埔寨教育、青年和体育部根据全国最高教育委员会的相关规定,制定国家教育标准、国家培训标准、国家能力标准,建立健全内部、外部评估机制,监测和评估教育质量。

教育、青年和体育部的职能包括:制定利于青年、体育和教育事业发

---

[1] 资料来源于柬埔寨认证委员会官网。

[2] SAMR, AHMAD N M Z, HAZRI J. Establishment of institutional policies for enhancing education quality in Cambodian universities[J]. International journal of higher education, 2012, 1(1): 112-127.

展的规章制度；贯彻落实国家的教育方针、政策；完善全国教育制度；研究教育改革工作，制定教育领域的发展战略、年度计划和长远规划；管理全国的公立和私立基础教育、高等教育、职业教育、非正规教育等工作，领导相关人事管理工作，统筹计划并指导各级各类教师队伍和教育行政干部队伍的建设工作；监督与统筹管理全国教育经费、青年与体育经费的筹措和使用情况；按规定管理国外对柬埔寨的教育援助；保护传统文化，促进文化交流，保证柬埔寨教育事业和人力资源的健康发展。

教育、青年和体育部下设机构包括内阁办公厅、内部审计厅、6 个职能总司、27 个职能司（中心、学院），其构架见图 11.1。[1]

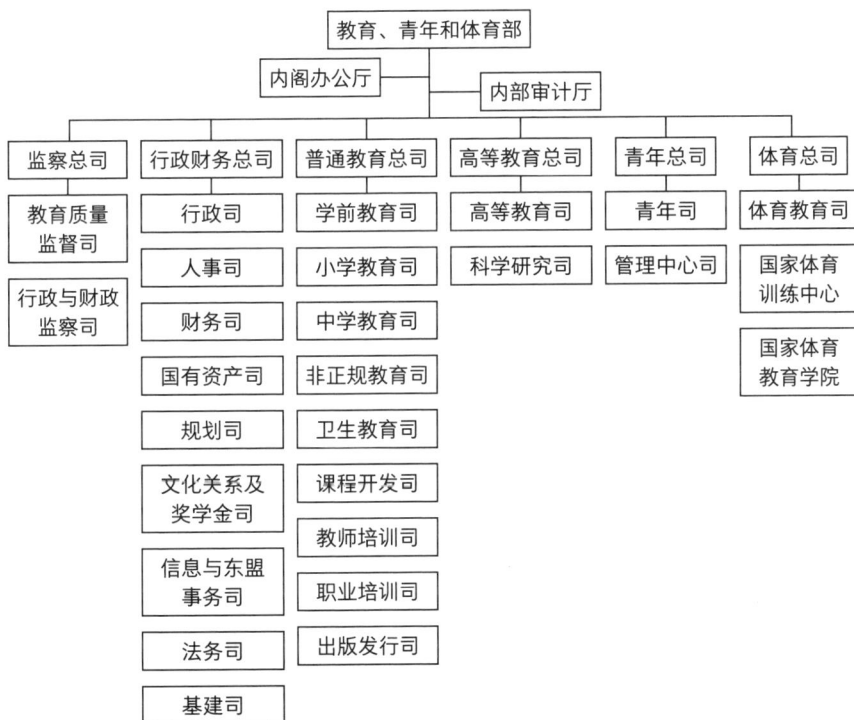

图 11.1 柬埔寨教育、青年和体育部行政构架

---

[1] 资料来源于柬埔寨教育、青年和体育部官网。

普通教育总司负责柬埔寨普通教育（包括学前教育、初等教育、中等教育、非正规教育等）方针规章的制定工作；教学计划、教学大纲等文件的制定工作；教材和教学参考书的编选、审定和出版的规划、组织工作；学前教育、初等教育、中等教育、非正规教育师资的培训规划工作和师资管理原则的制定工作；学前教育、初等教育、中等教育、非正规教育的指导、督促、检查工作；组织相关教育类型的经验交流。

高等教育总司负责制订高等教育领域的重要规章制度和发展规划；制定各类高等教育机构的培养目标、质量要求和专业目标；制定教学计划、教学大纲；制定高等教育机构的干部和教师管理原则、办法及师资培训计划；提升各高等教育机构的科学研究能力，促进高等教育的国际化发展。

根据以上职能分工可以看出，中央教育行政机构从国家层面统筹布局，提高教育质量，满足学生的教育和职业需求，确保教育的质量和效率。

第二节 地方教育行政

地方教育行政部门是指一个国家对教育事业进行组织领导和管理的各级地方政府机构或部门。柬埔寨地方教育行政部门分为省级和区级。柬埔寨地方教育行政部门的基本任务和职能是：贯彻执行中央的教育法令、方针、政策，落实上级教育行政部门的工作指示；负责本地区教育发展计划制定、基础设施建设、教育经费管理、干部和教师管理；指导本地区各级各类学校的教学工作。

在中央和地方教育行政部门的关系及地方两级教育行政部门的关系上，中央教育行政负责制定教育事业的宏观发展政策和各级教育制度；负责协调中央与地方以及地方与地方之间的教育工作。地方教育行政部门受上一层级教育行政部门的领导和业务指导；参照国家教育目标和基本标准，结合地方实际，制定区域性的、具体的教育发展计划并负责实施。中央与地方教育行政机构各有权重，中央教育行政部门重在指导与监督，地方教育行政部门重在执行和创新。

一、省级教育行政机构

柬埔寨省级教育行政机构主要是省教育、青年和体育办公厅，省教育、青年和体育办公厅下设行政处、人事与培训处、计划与援助管理处、财务处、普通教育处、非正规教育与职业技术教育处、考试处、青年处、体育处、监督处等。[1]其总体职责是，在教育、青年和体育部和当地政府的领导下，统管本地区的各级各类教育事业，贯彻落实国家的教育方针、政策和规章制度，研究和制定国家政策在本地区的具体实施办法，并制定适合本地区教育发展情况的补充规定；组织进行全省教育人才的需求预测工作；编制各级各类学校的发展计划、招生计划；在当地政府的领导下，协助各区做好教育部门的思想政治工作；统一规划在职教师进修和区教育行政干部的培训工作；协同各级政府检查区教育行政工作，组织好教育督导工作等。

二、区级教育行政机构

柬埔寨区级教育行政机构主要是区教育、青年和体育办公室，区教育、

---

[1] 陈皓. 柬埔寨教育行政体制改革研究 [D]. 武汉：华中师范大学，2002.

青年和体育办公室一般设有行政科、普通教育科、人事科等。区教育行政机构是柬埔寨现行教育行政系统中非常重要的一级机构，具体职责是执行教育方针、政策和教育法规，根据上级要求及本地区的实际情况，制定落实办法，拟定适合本地的补充规定；制定本地区教育发展事业规划并跟踪其实施情况；在当地政府的领导下，做好所属学校的思想政治工作；做好教育监督工作，督促所属学校认真执行国家的教学计划。随着柬埔寨教育行政改革的不断推进，区级教育行政机构被赋予了更多的自主权，如一定限度的人力资源自主权、财政自主权，并在学校一级有技术和行政领域的较大的管理领导权。[1]

三、权力下放和权力分散的教育行政革新实践

在教育现代化和国际化大背景下，柬埔寨教育行政部门在实践中不断发展和创新，教育改革进程不断加快。自 20 世纪 90 年代以来，柬埔寨在教育等领域实施了权力下放和权力分散的改革，将权力从中央转移到地方一级，在良好治理的基础上建立更民主的行政制度。柬埔寨政府强调，通过一系列公共部门治理改革行动，如公共管理、公共财政管理、权力下放和权力分散等，改善公共服务的提供质量。

《2019—2023 年国家教育战略规划》强调，在教育部门实施权力下放和权力分散改革，其目的是通过转移职能和资源来规范问责制，加强国家和地方教育行政机构和教育机构的自治能力，促进地方各级行政机构的发展和能力建设，从而提供公平的教育机会，提高教育质量和效率。教育、青年和体育部按照政府的规划和要求，根据行政管理层级，在教育行政领域

---

[1] 资料来源于柬埔寨教育、青年和体育部官网。

实施权力下放和权力分散改革。通过强化中央教育行政机构的教育规划职能，确保公民普遍享有基础教育和终身学习的机会，并促进了地方各级教育行政机构分散的管理、执行和监测工作。

在此次改革中，教育、青年和体育部作为中央教育行政机构，统筹安排，合理调整管理层级、权力结构、组织结构形式及机构设置，划分职责范围；处理好教育行政机关之间的内部管理关系与分工合作关系；缩减中央教育行政机构对教育的直接管辖权力，扩大地方教育行政机构的职权范围。在执行权力下放和权力分散改革时，教育、青年和体育部致力于建立一个完整和统一的教育体系，而不是简单地将学校从被管理系统中分离出去。

随着地方教育行政机构在教育管理体制中的职权范围不断扩大，其发挥的作用也越来越大，甚至有了人员管理和任命权，且在教育决策过程中拥有更大的自主权，可以根据本地区的特点安排相关教育事务以及在地区内协调管理相关事务。

在此次改革中，教育机构进行了自主权改革，这是柬埔寨分权战略在政府与教育机构关系维度上的体现。教育、青年和体育部积极推动校本管理制度的落实，建立学校管理委员会，学校管理员会负责本教育机构的管理、教学与服务。从整体上看，柬埔寨教育机构在教学、科研、人事和财政方面的自主权都得到了扩大。加强学校管理的自主权，有助于提高教育机构的公共服务质量，更合理地利用现有资源，激发学校更积极主动地承担责任。自 2000 年以来，教育、青年和体育部将资金从中央国库转移到学校，这一举措有效提高了教育服务质量，减少了教育行政中的官僚主义现象。[1] 柬埔寨"新一代学校"改革和校本管理制度是权力下放和权力分散改革的大胆尝试，为更多公立学校加强教育自主权提供了可借鉴的经验。

---

[1] 资料来源于柬埔寨教育、青年和体育部官网。

　　柬埔寨政府在权力下放和分散的改革中，制定法律法规，建立支持权力下放和权力分散改革的制度。2013—2022 年，教育、青年和体育部制定了 259 项法律法规及有关文件，包括 3 项王家法令、39 条法令细则、2 份通告、150 条法律规定、29 项准则和 36 项决定，规范了教育治理的改革进程。

第十二章 中柬教育交流

中柬两国人民友好交流的历史源远流长。早在公元 1 世纪，中柬两国就有了政治、商贸和文化往来。中国的典籍中有许多关于两国互派使臣、互赠礼物、通商贸易、交流文化的记载。[1] 随着两国经济、政治交往的不断加深，教育交流也变得更加密切和广泛。"一带一路"倡议的提出为中柬两国的教育文化交流创造了更为广阔的合作空间。

第一节　交流历史

一、独立前的交流历史

中国和柬埔寨的交往历史可追溯到两千年前。中国典籍《异物志》《后汉书》等记录了公元 1 世纪下半叶扶南王派遣使者到中国、两国互赠礼物之事，这是史书所载两国之间最早的接触。此后，扶南国多次遣使经海路来华。

---

[1] 陈显泗. 两千年来中柬人民的友好关系 [J]. 历史研究，1978（9）：83-92.

3世纪，中国三国时期，朱应、康泰出使扶南，开创了中柬友好关系的新局面。朱应、康泰回国后，将扶南国的见闻写在了《扶南异物志》和《扶南传》中。这两本书是目前中国也是全世界有关柬埔寨的最早著述。[1]这两本书虽已失传，但书中很多内容被后来的古籍所引用而得以部分保存下来，如《隋书·经籍志》《唐书·艺文志》《水经注》《艺文类聚》《通典》等，为历代的扶南正史提供了可靠的依据，柬埔寨历史学家编写柬埔寨历史时也常引用这两本书中所记载的宝贵资料。这两本书中所载的关于扶南的早期历史具有重要的学术价值，如果没有这些"几乎是唯一的历史资料"，今天的柬埔寨"将缺乏六百多年的上古史"。[2]此后，中柬两国的交往日趋密切，遣使次数日益频繁。

6世纪，中国萧梁时代，中柬两国文化交流蓬勃发展。梁武帝专门在京城设立"扶南馆"，将其作为接待扶南使者的驿站和扶南高僧的译经道场。中国南北朝时期，许多柬埔寨高僧乘坐商船来到中国，传播佛法，翻译《阿育王经》《文殊师利所说般若波罗蜜经》等十余部佛教经典，为佛教在中国的传播做出了卓越贡献。

中国与扶南之间不仅官方往来甚密，民间贸易也很兴盛。在当时，扶南国力强盛，掌握了湄公河三角洲海上贸易的主要通道——俄厄港，占据了非常有利的东西方海上交通要冲，成为东西方商人贸易的重要集散地和转运站，南海的贸易线路逐渐形成。扶南及各国商人带着来自地中海、印度、中东和非洲的商品到中国，以换取丝绸及其他物品。[3]扶南通过海路贸易获取巨大利益，也推动其寻求加强与中国的联系。由此可见，柬埔寨自古就是海上丝绸之路的重要国家之一。

7—15世纪，真腊、吴哥王朝时期的柬埔寨仍然与中国保持着密切往

[1] 陈显泗. 两千年来中柬人民的友好关系 [J]. 历史研究，1978（9）：83-92.

[2] 邓淑碧. 中柬文化交流概述 [J]. 东南亚纵横（季刊），1993（1）：18-22.

[3] 黄灏. 古代中国与柬埔寨经贸交流综述 [J]. 东南亚纵横，2012（8）：63-66.

来。频繁互派使臣，经贸活动兴盛。公元13世纪，中国元朝官员周达观随使团在柬埔寨逗留一年，写下《真腊风土记》[1]，详细记录了13世纪末的吴哥王朝历史及其文化。《真腊风土记》是世界上第一部也是至今仅存的一部有关吴哥王朝时期的历史和文化的最完备的著作，是研究柬埔寨古代历史的重要文献，具有不可估量的深远影响和史料价值。[2]

《真腊风土记》对中柬两国人民的友好往来有着生动的记录。这一时期，两国官方往来密切，民间经贸往来也逐渐密切，中国东南沿海地区的一些居民因从事经贸活动而迁居真腊。《真腊风土记》中记载："唐人"将手工艺带到柬埔寨，从中国出口到柬埔寨的商品被当地人称为"唐货"。同时，柬埔寨关于制作香料、药料、装饰品的技艺也传到了中国。中柬贸易往来使得中国文化影响更为广泛。根据《真腊风土记》的描述，柬历同中国农历有许多相似之处。中国用天干、地支纪年，合干支为一甲子，柬埔寨也用这种方法纪年。此外，柬埔寨十二生肖亦与中国相同。时至今日，柬埔寨仍然有以生肖记录年份的习俗。

14—17世纪，中国明朝时期，中柬双方使节往来非常频繁。有学者将这一时期称为"中柬友好关系史上的第三次高潮"。[3]明代著名航海家郑和七下西洋，给柬埔寨送去大批丝织品、瓷器等，在推动双方商贸交往中发挥了重要作用，当地人特意修建了庙宇以资纪念。相关研究指出，访问中国的真腊使者也受到了热情周到的接待。明成祖下令设立怀远驿作为真腊等国使节下榻之所。真腊使者，"例有钦赐筵宴一次二次"。由于海寇日趋猖獗，明朝开始实行海禁政策，但对真腊却破格优待，"唯琉球、真腊、暹罗许入贡"，要求礼部等有关部门"皆以礼待之"。[4]真腊是明朝始终如一友好相待的国家之一。

---

[1] 虽然当时的柬埔寨已进入吴哥王朝时期，但中国在很长一段时间里依然使用"真腊"一词指代该地。
[2] 陈显泗. 两千年来中柬人民的友好关系 [J]. 历史研究，1978（9）：83-92.
[3] 周中坚. 中柬友好关系史上的第三次高潮——明代中柬关系略述 [J]. 印支研究，1982（2）：49-55.
[4] 周中坚. 中柬友好关系史上的第三次高潮——明代中柬关系略述 [J]. 东南亚纵横，1982（2）：7.

中柬两国睦邻友好，沿海一带人员往来密切。从中国迁居柬埔寨的华人在当地经商、贸易，积极发展农业、渔业、商业、畜牧业、造船业等活动，兴办华文教育、创办华文报纸，传播文化知识，和柬埔寨人民共同开发美丽富饶的土地，为柬埔寨的经济发展和社会繁荣以及中柬文化交流做出了卓越的贡献。[1]

二、独立后的交流历史

1953 年，柬埔寨摆脱了法国的殖民统治后，宣布独立。1955 年在万隆举行的亚非会议上，周恩来总理同西哈努克亲王首次会晤。1958 年 7 月，柬埔寨与中国建立正式外交关系。此后，两国签订了经济、贸易、文化、科技合作等协定，政治互信、经济互助，文化教育交流互通，合作成果引人瞩目。同年 8 月签署的《中华人民共和国国务院总理周恩来和柬埔寨王国首相诺罗敦·西哈努克联合声明》指出，双方对于在文化交流和友好往来方面现在已经取得的进展感到满意。双方同意采取适当步骤进一步发展两国间的文化教育交流和友好往来。[2]

1961 年，北京外国语学院正式建立亚非语系，开设了柬埔寨语专业。这是当时中国培养柬埔寨语专业人才唯一的地方。许多柬埔寨专家应聘来华，帮助我国培养柬埔寨语人才，促进两国文化教育事业的发展。北京外国语学院柬埔寨语专业的毕业生在外交、经贸、文化、新闻、教学、科研等各个领域为加强中柬友好关系发挥了重要的作用。

20 世纪 70 年代，中柬两国的正式外交关系中断。[3] 此后，柬埔寨政府

---

[1] 杨保筠. 中国—柬埔寨文化交流的历史与未来 [J]. 广西社会主义学院学报，2022（4）：83-90.

[2] 中华人民共和国-条约数据库. 中华人民共和国国务院总理周恩来和柬埔寨王国首相诺罗敦·西哈努克联合声明 [EB/OL]. [2023-03-04]. http://treaty.mfa.gov.cn/tykfiles/20180718/1531876399033.pdf.

[3] 兴旺达，颜洁. "一带一路"倡议背景下的柬埔寨-中国关系[J]. 东南亚纵横，2017（6）：32-39.

频繁更迭并经历了长达近 30 年的内战，严重阻碍了中柬两国各个领域的合作与交流。

20 世纪 90 年代，中柬关系翻开了新的篇章。中柬两国高层互访，推动了两国关系快速向前发展。1999 年，两国签署《中华人民共和国政府和柬埔寨政府文化合作协定》，明确双方将在教育和培训领域继续已有的合作，根据各自的能力，每年接受对方国家的部分学生到本国学习，互相鼓励、支持和协调在国际文化、教育、社会科学研究领域的活动。[1]

进入 21 世纪以后，中柬交流迈上新台阶。2000 年，国家主席江泽民对柬埔寨进行国事访问，中国与柬埔寨签署《中华人民共和国和柬埔寨王国关于双边合作框架的联合声明》，确定两国将在新世纪发展更加密切和稳固的传统睦邻友好关系。2006 年，国务院总理温家宝对柬埔寨进行正式访问，中柬双方发表《中华人民共和国政府和柬埔寨政府联合公报》，宣布建立全面合作伙伴关系。2010 年，柬埔寨首相洪森访华，两国关系升级为全面战略合作伙伴关系。2012 年，国家主席胡锦涛对柬进行国事访问，双方发表联合声明。

2013 年，国家主席习近平提出"一带一路"倡议。柬埔寨地处澜沧江—湄公河流域的中心，是"21 世纪海上丝绸之路"在中南半岛的"中路国家"，处于"一带一路"五大方向中三大方向交汇的核心地带，因此是"一带一路"的重要共建国家。柬埔寨对"一带一路"倡议表明了积极的态度，认为共建"一带一路"为中柬两国描绘了光明的合作前景，为中柬两国在各个领域的合作提供了前所未有的机遇。[2]

2016 年，西哈莫尼国王对中国进行国事访问。同年 10 月，习近平主席访问柬埔寨，将中柬高层交往推上新的高度。中柬双方签署的《中华人民

---

[1] 中华人民共和国条约数据库. 中华人民共和国政府和柬埔寨政府文化合作协定 [EB/OL]. [2023-03-04]. http://treaty.mfa.gov.cn/tykfiles/20180718/1531876794898.pdf.

[2] 兴旺达，颜洁. "一带一路"倡议背景下的柬埔寨–中国关系[J]. 东南亚纵横，2017（6）：32-39.

共和国和柬埔寨王国联合声明》《中柬两国政府经济技术合作协定》《中华人民共和国和柬埔寨王国关于编制共同推进"一带一路"建设合作规划纲要的谅解备忘录》《共建丝绸之路经济带和 21 世纪海上丝绸之路规划纲要》等合作文件，全面而具体，涵盖政治、经济、安全、人文、教育等多个领域。柬埔寨政府将"一带一路"倡议与柬埔寨的"四角战略"、《2015—2025年工业发展政策》有效对接，促进两国在基础设施、农业、产能建设、产业集群、文化与旅游、金融、生态环境保护 7 个优先领域的合作，持续促进两国更快更好地发展。

为贯彻落实《关于做好新时期教育对外开放工作的若干意见》《推动共建丝绸之路经济带和 21 世纪海上丝绸之路的愿景与行动》，2016 年，中国教育部发布《推进共建"一带一路"教育行动》，旨在促进区域教育发展，推动教育交流，构建"一带一路"教育共同体，为相关各国民心相通架设桥梁。[1] 同年，在中国–东盟外长会上，外交部部长王毅指出，要把中国与东盟国家的教育合作提到优先发展的地位。在"一带一路"框架下，中柬两国教育合作进一步深化，互派留学生和培训人员的规模不断扩大，中国帮助柬埔寨培训了大批经济建设急需人才。截至 2014 年，中国为柬埔寨培训各类人才约 1 450 名，培训范围涉及外交、金融、教育、农业、商务、工业、交通、卫生等多个领域，生源来自柬埔寨首相府、外交部、经济和财政部、商业部、矿产和能源部、农林水产部、公共工程和运输部、卫生部、土地管理、城市规划和建设部、柬埔寨国家银行等多个部门。[2] 柬埔寨青少年学习中文热情很高，孔子学院和孔子课堂广受欢迎，到中国留学的柬埔

[1] 教育部. 推进共建"一带一路"教育行动 [EB/OL]. [2022-12-17]. http://www.moe.gov.cn/srcsite/A20/s7068/201608/t20160811_274679.html.

[2] 国务院新闻办公室. 中柬经贸务实合作成果显著 [EB/OL]. [2022-12-17]. http://www.scio.gov.cn/gxzl/ydyl_26587/jmwl_26592/jmwl_26593/202401/t20240116_828590.html.

寨学生越来越多。[1]

2016 年正式启动的澜沧江–湄公河合作是中国与周边国家开展区域次区域合作进展最为迅速和最具成效的机制之一。2018 年，李克强总理出席澜沧江–湄公河合作第二次领导人会议并对柬埔寨进行了正式友好访问。会议期间《澜沧江–湄公河合作五年行动计划（2018—2022）》公布，与会代表一致同意要携手打造澜湄流域经济发展带，共同构建澜湄国家命运共同体，为机制的长远发展明确了方向，描绘了宏伟发展蓝图。[2]《澜沧江–湄公河合作五年行动计划（2018—2022）》着力加强澜湄国家合作，特别提到要在教育领域加强务实合作，具体包括加强职业教育培训，支持在中国设立澜湄职业教育基地，在湄澜国家设立澜湄职业教育培训中心。推动澜湄国家高校合作，鼓励高校间开展联合培养、联合研究和学术交流，探索建立学分互认互换制度。

2019 年，中国和柬埔寨签署《构建中柬命运共同体行动计划》。柬埔寨是首个与中国签署构建命运共同体行动计划的国家。《构建中柬命运共同体行动计划》是指导中柬全面战略合作伙伴关系发展的一份纲领性文件，表明中柬全面战略合作伙伴关系达到了历史新高度，并将成为中柬关系的"推进器"、促进周边合作互信的"黏合剂"和构建人类命运共同体的"试验田"。[3] 这份行动计划涵盖了政治、安全、经济、人文、多边五大合作领域的 31 项具体目标和举措，人文合作包括文化旅游、教育卫生、科技创新等 11 项内容。签署该行动计划标志着两国构建命运共同体的愿景由计划迈入全面落实阶段，为新时期深化两国战略互信、加快两国各领域互利合作、

---

[1] 中央政府门户网站. 中国驻柬埔寨大使中柬关系处于历史最好时期 [EB/OL]. [2022-12-22]. https://www.gov.cn/jrzg/2013-08/31/content_2478351.htm.

[2] 外交部. 澜沧江–湄公河合作五年行动计划（2018—2022）[EB/OL]. [2018-01-11]. https://www.mfa.gov.cn/wjb_673085/zzjg_673183/yzs_673193/dqzz_673197/lcjmghhz_692228/zywj_692240/201801/t20180111_10412975.

[3] 新华社. 专访：中柬构建命运共同体行动计划表明两国关系达到历史新高度——访中国驻柬埔寨大使王文天 [EB/OL]. [2022-12-23]. http://www.gov.cn/xinwen/2019-05/06/content_5388891.htm.

造福本国及本国人民提供了强大助力。

自《构建中柬命运共同体行动计划》签署后，中柬全面战略合作伙伴关系达到新的历史高度。中国和柬埔寨以人类命运共同体为基本理念，以"五通"（政策沟通、设施联通、贸易畅通、资金融通、民心相通）为行动指南，认真落实《构建中柬命运共同体行动计划》的各项指标，取得了众多成果。两国政府和民间已搭建多个教育合作、文化交流平台。

在柬埔寨，中柬已联合开设 2 家孔子学院。华东师范大学与柬埔寨王家科学院采用联合培养模式，帮助柬埔寨培养硕士学位水平的本地汉语师资。[1]

2023 年是共建"一带一路"倡议提出 10 周年，也是中柬两国建交 65 周年。双方宣布启动"中柬友好年"系列庆祝活动，将以 2023 年中柬建交 65 周年和"中柬友好年"为契机，构建高质量、高水平、高标准的新时代中柬命运共同体。在此期间，双方发表《中华人民共和国和柬埔寨王国关于构建新时代中柬命运共同体的联合声明》。声明指出，双方同意从政治、产能、农业、能源、安全和人文六大领域入手，打造中柬"钻石六边"合作架构；双方同意深化中国"一带一路"倡议同柬埔寨"四角战略"对接合作；双方同意落实好《关于中柬发展合作规划（2023—2025）的谅解备忘录》；双方同意开展教育政策对话，支持柬优秀青年来华学习深造，支持柬开展中文教学，推动在柬新建孔子学院，加强两国职业教育领域合作，探讨推进教育数字化转型合作。[2]

当前，中柬两国关系良好，两国政府和人民不断赓续传统友谊，政治互信不断实现新跃升，务实合作不断取得新突破，人文教育交流协助呈现

---

[1] 顾佳赟. 东西方文明如何在柬埔寨汇聚？[EB/OL]. [2022-12-28]. https://www.chinanews.com.cn/gn/2022/10-19/9876262.shtml.

[2] 外交部. 中华人民共和国和柬埔寨王国关于构建新时代中柬命运共同体的联合声明 [EB/OL]. [2023-03-11]. https://www.mfa.gov.cn/gjhdq_676201/gj_676203/yz_676205/1206_676572/xgxw_676578/202211/t20221111_10973004.shtml.

新气象。在"一带一路"倡议、"澜湄合作"机制，以及中柬命运共同体行动计划的框架下，中柬两国加强教育和人力资源开发合作，探索职业教育发展新渠道、新模式，促进中文教育纳入柬埔寨国民教育体系。

第二节 原则与模式

一、合作原则

中柬两国教育合作严格遵守《推进共建"一带一路"教育行动》中"育人为本，人文先行；政府引导，民间主体；共商共建，开放合作；和谐包容，互利共赢"的原则。[1] 中柬两国政府加强沟通协调，加强教育合作，整合多种资源，引导教育融合发展。发挥学校、企业及其他社会力量的主体作用，活跃教育合作局面，丰富教育交流内涵，提高区域人口素质，为共建"一带一路"提供人才支撑。两国坚持共商、共建、共享，推进教育发展规划相互衔接，实现教育融通发展、互动发展，促进教育领域的互利互惠。

二、合作模式

柬埔寨"四角战略"第三、第四阶段优先发展人力资源，教育成为战略发展重心。政府多次重点强调了改善教育、科学、技术研发的环境以及

---

[1] 教育部. 教育部关于印发《推进共建"一带一路"教育行动》的通知 [EB/OL]. [2023-03-04]. http://www.moe.gov.cn/srcsite/A20/s7068/201608/t20160811_274679.html.

发展职业教育。[1] 在《中华人民共和国和柬埔寨王国关于双边合作框架的联合声明》的指导下,《推进共建"一带一路"教育行动》《澜沧江–湄公河合作五年行动计划(2018—2022)》"中国–东盟教育周"等合作机制、计划和模式为柬埔寨实现高质量教育发展提供了机会,为柬埔寨经济社会发展起到了非常重要的推动作用。

(一)校企合作境外办学模式

为贯彻实施《推进共建"一带一路"教育行动》,推进与柬埔寨职业教育务实合作,加强产教融合,中国职业院校和企业联手"走出去"已成为"一带一路"建设的重要组成部分。2012年,无锡商业职业技术学院(以下简称无锡商院)与江苏红豆集团公司率先创办了我国境外经贸合作区首个职业培训中心——西哈努克港经济特区培训中心,开创了中国高职院校为"走出去"企业培养本土化技术技能人才的先河。西哈努克港经济特区培训中心结合柬埔寨教育现状和西哈努克港特区的实际,分期分批为特区企业员工培训基本职业能力、团队管理能力、专业技术能力等。培训中心首批招生时,就有2 000多人次报名参加有关培训项目。[2]

2016年,无锡商院与红豆集团(柬埔寨)创办南洋红豆学院,学院集学历教育、职业培训、语言培训和文化交流"四位一体",特色鲜明。

2018年,柬埔寨政府正式批准成立西哈努克港工商学院。西哈努克港工商学院由无锡商院和红豆集团控股的西哈努克港经济特区共同创办,是中国在海外成立的首个校企合作股份制应用型本科高校,具有颁发专科、本科学历证书资格,被纳入柬埔寨国民教育体系。建校办学以来,西港工

[1] 资料来源于柬埔寨部长会议办公室官网

[2] 朱有明. 中国–东盟区域合作背景下校企联合海外办学实践探索——以"南洋红豆学院(柬埔寨)"项目建设为例 [J]. 中小企业管理与科技,2012(11):249-250.

商学院积极开展本科学历教育和职业技能培训。该校企业管理、物流管理、信息技术三个专业已招收三届本科学历生，为西哈努克港特区提供了重要的人力资源支持，也为柬埔寨培养了一批优秀的产业工人和技能人才。2022年，无锡商院联合无锡学院、红豆集团，为柬埔寨西哈努克港工商学院开发的 6 项本、专科标准和 137 项中英文双语专业课程标准获得柬埔寨教育、青年和体育部认证，成为柬埔寨政府首批认证的中国特色高等教育标准体系。这是中柬共建"一带一路"，深化教育合作的新突破，也是无锡商院与红豆集团"走出去"办学取得的亮眼成果。[1]

2019 年，在柬埔寨劳动职业培训部、中国国际教育交流协会的指导下，温州职业技术学院与柬埔寨国家技术培训学院牵头中柬两国相关院校、行业企业发起成立了中国–柬埔寨职业教育合作联盟（以下简称中柬职教联盟）。中柬职教联盟推动中柬职业教育合作，为两国职业教育和人才培养点燃发展"新引擎"。[2] 中柬职教联盟现有 77 家理事单位，其中中方 57 家，柬方 20 家。[3]

中柬职教联盟目前已促成三所中柬丝路学院签约并协助其顺利开展教学活动。这三所丝路学院分别为：由温州职业技术学院、柬埔寨国家技术培训学院、亚龙智能装备集团股份有限公司共同组建的柬埔寨温州职业技术学院亚龙丝路学院；由贵州水利水电职业技术学院、柬埔寨马德望理工学院、亚龙智能装备集团共同组建的柬埔寨贵州水利水电职业技术学院亚龙丝路学院；由辽宁机电职业技术学院、柬埔寨贡布地区理工学院、亚龙智能装备集团股份有限公司共同组建的柬埔寨辽宁机电职业技术学院亚龙

---

[1] 新华日报交汇点. 中国特色高等教育标准在柬获批认证 中柬教育合作迈出新步 [EB/OL]. [2023-02-08]. https://www.163.com/dy/article/H1HH8LG305345ASA.html.

[2] 中国新闻网. 中国–柬埔寨职业教育合作联盟成立 [EB/OL]. [2023-02-08]. https://www.chinanews.com/gn/2019/07-23/8904541.shtml.

[3] 管娉娉. "一带一路"背景下中柬职业教育合作的探索——以中国–柬埔寨职业教育合作联盟为例 [J]. 中国多媒体与网络教学学报，2022（7）：191-194.

丝路学院。丝路学院旨在推进国际化产教深度融合、服务中资企业海外发展、分享中国高职优质教育资源和教学经验，坚持优势互补、资源共享、互惠双赢、共同发展，成为两国示范性产教融合、校企合作、职业教育的办学机构和研究机构。以柬埔寨温州职业技术学院亚龙丝路学院为例，这是中国在柬建立的第一所伴随企业"走出去"的海外丝路学院，开创了"海外＋本土"双校区、"职业培训＋学历教育"双形式、"中文＋电气自动化"双课程的办学模式，仅 2018—2019 学年就招收电气自动化专业全日制专科学历学生 80 名，成为践行产教融合，校企共建、共治、共享、共赢发展理念的生动案例。[1]

（二）校校合作境外办学模式

随着"一带一路"倡议不断深入实践，中国与相关国家共商、共建、共享新型次区域合作平台，打造澜湄流域经济发展带，共同构建澜湄国家命运共同体。

在国际中文教育领域，柬埔寨首所孔子学院——柬埔寨王家科学院孔子学院成立于 2009 年，由江西九江学院与柬埔寨王家科学院共同建设。柬埔寨王家科学院孔子学院共建有 19 个汉语中心、2 个孔子课堂。截至 2017 年，柬埔寨王家科学院孔子学院注册学员 12 459 名，非注册学员 3 500 名，累计注册学员 69 769 名，累计文化活动参加人数 174 269 人。[2] 柬埔寨王家科学院孔子学院集中文教学中心、本土中文师资培训中心、中文考试中心、中国文化体验中心于一体。自成立以来，柬埔寨王家科学院孔子学院致力于推广汉语，传播中华文化，积极推动中柬交流，多次被评为"先进孔子

---

[1] 曾云、吴坚. 新时代中国对柬埔寨教育的援助：措施、作用与推进策略 [J]. 广西社会科学，2022（9）：72-79.

[2] 刘晓东、周子渊. 一带一路背景下柬埔寨中文学习的机遇与挑战 [J]. 九江学院学报（社会科学版），2017（4）：10-14.

学院"。

2019 年，桂林电子科技大学和柬埔寨国立马德望大学共同建设柬埔寨第二所孔子学院——柬埔寨国立马德望大学孔子学院。国立马德望大学位于柬埔寨西北部，国立马德望孔子学院的设立是为了满足柬埔寨西北地区中文学习的需求，长远目标是在培训中文师资、开展中文考试及中文师资认证等方面服务全国。2019 年，国立马德望大学孔子学院在读学员 182人，学员涵盖高校、中小学、企业职工和社会人员，学员接受的均为学历教育。[1]

2021 年，南京工业职业技术大学与柬埔寨王国柬华理事总会签订合作意向书，共建柬埔寨的第三所孔子学院——柬华理工大学孔子学院。2022年，柬华理工大学孔子学院举行揭牌仪式。柬华理工大学孔子学院是全球第一所实施"中文 + 职业技能"本科学历教育的孔子学院，着力为柬埔寨培养既懂中文又掌握专业技术的人才，服务于柬中各个领域的合作，促进柬埔寨经济发展。中方研发了"中文 + 电子商务""中文 + 物流管理""中文 + 计算机网络"等 6 个专业 19 本"中文 + 职业技能"系列教材，供本科生使用。同时，中柬合作为 60 名柬埔寨本土教师开展了"中文 + 旅游管理"课程培训，该培训受到教师们的欢迎。孔子学院"中文 +"的教育理念助力中柬教育协同、中柬文明互鉴，推进了两国文教领域合作。

柬华理工大学孔子学院现有 320 名在读语言生和学历生，其中，中柬"双学历"职业技能本科教育本学期共招收 110 名学生，包含了电子商务、物流管理、旅游管理、计算机网络四个专业，所有课程授课语言均为中文。[2] 本届本科生的招生工作推进了"中文 + 职业技能"项目，这不仅仅是中国职业教育走出去的展现，更是中国职业教育人才培养标准体系国际化

[1] 赵雨，吴应辉. 柬埔寨中文教育发展报告（2019）[R]. 国际汉语教学研究，2022（1）：33-44.

[2] 南京工业职业技术大学. 柬华理工大学孔子学院举办首届中柬"双学历"本科生开学典礼 [EB/OL]. [2023-02-27]. https://www.niit.edu.cn/cf/08/c4062a53000/page.htm.

的展现，为共建"一带一路"国家"中文 + 职业教育"发展提供了新路径和新模式。[1]

2018 年，海南大学与柬埔寨王家农业大学携手创建汉语中心，为学校师生提供中文培训。两校还将展开农业技术科学研究合作、学生和官员教育奖学金项目、研究生联合培养项目等，主动服务中柬"一带一路"建设；创办科技与文化交流中心，打造高水平、示范性的教育合作平台。

近年来，中国职业教育国际化水平不断提高，为经济社会发展培养了大批高素质劳动者和技术技能人才。中国教育部积极深化"放管服"改革，指导职业院校中外合作办学，引导和支持职业教育配合企业"走出去"，联合社会力量稳妥推进境外合作办学项目。

在职业教育领域，2017 年 4 月，中国浙江经济职业技术学院与柬埔寨王国柬印创业发展学院合作，在柬埔寨设立了职业教育中心——浙经院–柬创院国际教育中心。浙经院–柬创院国际教育中心承担中国语言文化教学（短期面授 + 长期线上）、电子商务专业国际培训等工作。

2017 年 9 月，桂林电子科技大学与柬埔寨劳动职业培训部合作，在中柬两地分设桂电–东盟职业教育中心（北海）、桂电–柬埔寨职业教育培训中心（金边）。桂电–东盟职业教育中心（北海）、桂电–柬埔寨职业教育培训中心（金边）提供电子信息技术专业技能培训和实习机会，学员通过考核后，获得由柬劳动职业培训部和桂林电子科技大学联合颁发的职业资格证书，该职业资格证书被中柬双方认可。

2018 年，天津中德应用技术大学与柬埔寨国立理工学院合作建立澜湄职业教育培训中心暨柬埔寨鲁班工坊。天津中德应用技术大学与柬埔寨国立理工学院用五年的时间将中心打造成立足柬埔寨、服务澜湄五国、辐射东盟十国，集职业教育、职业培训、科学研究、文化传承、创新创业五位

---

[1] 南京工业职业技术大学. 柬华理工大学孔子学院举办首届中柬"双学历"本科生开学典礼 [EB/OL]. [2023-02-27]. https://www.niit.edu.cn/cf/08/c4062a53000/page.htm.

一体的，按照市场化运作的国际化职业教育中心，发展学历教育和非学历教育，为澜湄合作从培育期走向成长期提供强有力的人力资源保障。

天津中德应用技术大学与柬埔寨国立理工学院合作在柬埔寨国立理工学院建立柬埔寨鲁班工坊。柬埔寨鲁班工坊与澜湄职业教育培训中心互相融通，是天津在现代职业教育改革和国际合作领域设立的一个国家示范区，是天津市支持的第一个职业培训国际合作项目。[1] 鲁班工坊以服务于中国企业与相关国家之间的国际产能合作为主要目的，以"工程实践创新项目"为教学模式，以自主开发的国际化专业教学标准为基本依据，以全国职业院校技能大赛赛项装备为主要载体，以实施学历教育和技术培训为基本方式的中外合作职业教育机构。建设鲁班工坊是职业教育"走出去"的系统尝试，是中国已经发展起来并形成自身特色和优势的职业教育走向国际舞台的开拓创新之举。[2] 柬埔寨鲁班工坊初期建有机械加工技术实训中心、通信技术实训中心、机电一体化技术实训中心等共 17 个实训中心。自建成以来，柬埔寨鲁班工坊招收了来自泰国、缅甸、柬埔寨、越南的近百名留学生，涉及物流管理、旅游管理、机电一体化、自动化、汽车维修 5 个专业，覆盖本科和高职两个层次。[3] 柬埔寨鲁班工坊项目将中国优质职业教育和优质产品技术带到柬埔寨，为当地培养了急需的产业人才。

除了国际中文教育和职业教育领域的合作外，中柬校校合作还在基础教育阶段展开。2021 年，由柬埔寨中资企业和当地华人华侨社团共同筹建的柬埔寨中国国际学校获得柬埔寨政府批准，在柬埔寨首都金边正式成立。柬埔寨中国国际学校面向在柬的中资企业人员子女、华人华侨子女，以及

---

[1] 国务院新闻办公室. Lancang-Mekong Vocational Education Training Center launched in Cambodia[EB/OL]. [2023-02-09]. http://english.scio.gov.cn/internationalexchanges/2018-10/29/content_68839944.htm.

[2] 曾凤琴，庞学光，张春晓，等. 打造职业教育的国际品牌——对鲁班工坊建设的回顾与前瞻性思考 [J]. 教育发展研究，2022（12）：45-53.

[3] 吴刚，程耿金妍. 新时期中柬职业教育合作实践研究——以鲁班工坊为例 [J]. 中外企业文化，2022（4）：200-201.

部分柬埔寨籍的学生，主要招收初中和高中阶段学生。柬埔寨中国国际学校与复旦附中签订合作协议，两校互为中柬友好交流学校。柬埔寨中国国际学校在海外中文教育史上是一个创新，具有里程碑式的意义。柬埔寨中国国际学校的成立必将促进两国文化和教育的交往，让柬埔寨学生获得更好的中文教育和前往中国留学的机会。

中国–柬埔寨职业教育合作联盟、澜湄职业教育培训中心暨柬埔寨鲁班工坊、柬华师资培训中心、中国–柬埔寨学前教育教师培训中心、中国–东盟旅游人才教育培训基地等一大批教育培训机构，为柬埔寨培养了大量经济社会发展需要的紧缺人才，也为支持中柬两国实现政策互通、设施联通、贸易畅通、资金融通培养了大批急需人才。[1]

第三节　案例与思考

一、案例

（一）汉语热

随着中柬两国友好关系深入发展和中柬命运共同体建设持续推进，两国在经贸、人文等领域的交流日益频繁密切，"汉语热"在柬迅速升温，学习中文成为柬民众的实际需求。多年来，为满足柬埔寨中文学习的旺盛需求，中国教育部及中外语言交流合作中心通过向柬埔寨派遣国际中文教师和志愿者、提供中文学习相关教育奖学金、培训柬埔寨本土中文教师等方

---

[1] 曾云，吴坚. 新时代中国对柬埔寨教育的援助：措施、作用与推进策略 [J]. 广西社会科学，2022（9）：72-79.

式为柬埔寨中文教学提供支持。

根据柬埔寨王家科学院统计,2019 年,柬埔寨主要中文教育机构中参加正规中文学习的学生共 69 851 人次,比 2018 年增加了 6 635 人次;柬埔寨在华留学生超过 2 400 人,其中获孔子学院奖学金的有 45 人,获中国政府奖学金的有 185 人。[1]

在基础教育阶段,2022 年,中柬两国签署了《中华人民共和国教育部与柬埔寨教育、青年和体育部关于合作开展柬埔寨中学中文教育合作项目的谅解备忘录》,标志着中文被正式纳入柬埔寨国民教育体系。柬埔寨公立初中和高中增设中文科目,将中文定为外语学习选项之一,在试行阶段,柬方在 2—3 个省份的 20 所中学开设中文课程,中文教学的普及性、基础性大幅加强,柬埔寨中文教育将进入全新发展阶段。[2]

在高等学历教育方面,亚欧大学、金边王家大学汉语中心及柬埔寨王家科学院师范专业方向均开设中文系。

柬埔寨王家科学院与中国教育部中外语言交流合作中心合作共建了柬埔寨首个本土中文师范专业(硕士)项目。该项目采用"1+1"柬中联合培养模式。第一年,柬埔寨王家科学院承担培养任务;第二年,中国华东师范大学承担培养任务,学生在华学习期间可申请国际中文教师硕士奖学金。两年学制完成后,柬埔寨王家科学院与华东师范大学共同向毕业生授予国际中文教育专业柬中双硕士学位。该项目将为柬埔寨培养更多的高端中文教师,推动柬埔寨中文教育稳步发展。在共建"一带一路"框架下,该项目将培养高水平高素质的人才,服务国家、地域建设,并将成为中柬两国人民交流的桥梁。[3]

---

[1] 资料来源于柬埔寨王家研究院官网。

[2] 人民日报海外版. 中文纳入柬埔寨国民教育体系 [EB/OL]. [2023-02-09]. http://www.scio.gov.cn/m/31773/35507/35514/35522/Document/1733441/1733441.htm.

[3] 中国新闻网. 柬埔寨中文教育迈重要一步 中使馆冀新项目讲好中柬友好故事 [EB/OL]. [2023-02-09]. https://www.chinanews.com.cn/gj/2020/10-23/9320453.shtml.

2007 年，中国云南大理大学、红河学院、玉溪师范学院（拼音首字母合称 DHY）和柬埔寨金边王家大学（简称 RUPP）联合创办 RUPP-DHY 汉语中心。RUPP-DHY 汉语教育中心既提供中文培训课程，也提供中文专业本科 4 年制学历教育。中文培训课程分为初、中、高三级，主要设置听、说、读、写等技能课及综合课，旨在短时间内提高学习者中文水平。本科中文专业的课程涵盖中文基础知识、中国文化、中国历史、中国哲学等，并提供"2+2""3+1""4+0"联合培养模式供学生选择，旨在全面培养学生的中文能力，学生毕业后获得柬埔寨颁发的学历、学位证书。目前，RUPP-DHY 汉语教育中心已培养了 2 000 余名中文学习者，在推广中文教育事业中发挥着不可替代的重要作用。中文已成为金边王家大学的热门专业，备受青睐。[1]

中文教育的发展推动了汉语水平考试和汉语水平口语考试在柬埔寨的推广。截至 2019 年，柬埔寨全国累计有 2 480 人次参加了汉语水平考试，累计 836 人次参加了汉语水平口语考试。仅就 2019 年，就有 180 人次参加了汉语水平考试，136 人次参加了汉语水平口语考试。[2]

为解决柬埔寨中文师资缺乏问题，以柬华理事总会为主体，在中国国侨办和中国驻柬大使馆的支持下，柬华师资培训中心于 2018 年正式成立并开课，结束了柬埔寨没有本土中文师范教育机构的历史。[3] 中国国侨办外派教师及中外语言交流合作中心志愿者教师通过语音、文字、词汇等中文基础课，口语、阅读等练习课，以及教育心理、教学法等全面提升学员教学技能。柬华师资培训中心每年招生约 80 人，目前已有 153 名学员顺利毕业，并被分配到家乡的华文学校任教。

---

[1] 张欢. "一带一路"背景下柬埔寨中文教育的困境与出路 [J]. 大理大学学报，2022（7）：104-108.

[2] 赵雨，吴应辉. 柬埔寨中文教育发展报告（2019）[J]. 国际汉语教学研究，2022（1）：33-44.

[3] 毛鹏飞. 柬埔寨中文教育从"输血"转为"造血"[EB/OL]. [2023-03-09]. http://www.xinhuanet.com/2018-06/02/c_1122928517.htm.

（二）华文教育

柬埔寨的华文教育已有百余年历史，明清时期，随着越来越多的华人定居柬埔寨，华人社区逐渐形成。1914 年，潮州籍华人建立了柬埔寨第一所华文学校——端华学校，拉开了柬埔寨华文教育的序幕。20 世纪 30 年代初，民生学校、广肇学校、集成学校、崇正学校等华文学校相继成立。1958 年，中柬两国建交，促进华文教育的迅速发展，华文学校中小学生人数增加至 5 万人，学校数量一度达 200 所，仅首都金边，就有华文学校 50 所。后来，由于历史原因，华文教育遭到重创，直至 20 世纪 90 年代，华文教育逐渐恢复。截至 2020 年，柬华理事总会下属华文学校 58 所，在校学生 5 万余人，15 所华文学校设有中学部，2 所华文学校设有中专部，1 所华文学校设有速成班。规模最大的华文学校是金边端华学校。金边端华学校有主校、分校两个校区，学生人数近 2 万人，教职工 300 余人，是"全球最大的海外华文学校"。[1]

（三）柬埔寨来华留学项目以及短期培训项目

中柬两国组织多项研修交流项目。在中柬建交 65 周年之际，中国教育部中外语言交流合作中心秉持"以学习者为中心，以需求为导向，以创新为驱动"的宗旨，开展更多短期培训项目，以多元化的形式支持柬方教育发展。

"2021 年柬埔寨青年骨干本土中文师资线上高级研修项目"由中国教育部中外语言交流合作中心，柬埔寨王家科学院，柬埔寨教育、青年和体育部和柬华理事总会联合主办。该研究项目为期一个月，主要面向柬埔寨各

---

[1] 张欢 . "一带一路"背景下柬埔寨中文教育的困境与出路 [J]. 大理大学学报，2022（7）：104-108.

中文教育机构的约 150 名青年骨干本土中文教师。研修的内容包括"现代汉语""高级汉语写作"等核心中文本体知识课程，以及教学方法和技巧课程。本次研修课程由华东师范大学、柬埔寨王家科学院、北京师范大学等单位的专家讲授。

孔子学院的定期培训，中国国务院侨务办公室教师的常驻教学和培训以及赴华短期培训项目，柬埔寨"中文＋职业教育"本土中文师资线上研修项目，柬埔寨青年骨干本土中文师资高级研修班，为深化"一带一路"研究举办的相关学术讲座、高端论坛、国际会议等都显著提高了本土中文教师的教学水平，支持了柬埔寨中文师资队伍建设。此外，中国商务部还专门举办了柬埔寨教育数字化培训班，为柬埔寨教育行业从业人员提供专业培训，为中柬双方在智慧教育和未来教育方面打下良好的基础。

二、思考

国相交、民相通，首先要语相通。在共建"一带一路"大背景下，中柬双方合作的项目不断落地，促使社会各界对中文人才，尤其是对高质量、复合型的中文人才的需求迫切。因此，大力发展中文教育，兼顾"中文＋职业教育"的发展，培养多元化的中文人才，不仅契合柬埔寨社会的需要，而且对于推动双方各交流合作领域项目的实际落地、增进两国互信、加深两国友好关系也都具有现实意义。国际中文教育需要有序多维推进，积极构建柬埔寨"中文＋"教育体系，打造"中文＋"教育品牌，搭建"中文＋"合作平台，完善"中文＋"培养模式，研发"中文＋"系列教材，培养"中文＋"师资团队，培养精通中文且专业技能较强的复合型人才。[1]

[1] 张欢."一带一路"背景下柬埔寨中文教育的困境与出路 [J]. 大理大学学报，2022（7）：104-108.

第一，打造"中文+"教育品牌。一是在柬埔寨王家科学院孔子学院、RUPP-DHY 汉语中心等中文推广基地建立"中文+"教学示范区，开设"中文+"课程，定期反馈教学效果，及时更新教学内容，保持正确的教学方向。二是积极宣传"中文+"课程，免费开放试听课，邀请本地民众参与，介绍"中文+"课程的潜在经济效应，提升"中文+"课程影响力。三是以"点"带"面"，推动金边端华、崇正、民生、广肇、等地大型华文学校及国际学校设立"中文+"教学班，拓宽"中文+"教育范围，吸引更多的中文学习者加入。

第二，搭建"中文+"合作平台。"一带一路"推动了"中文+"教育的产生，"中文+"教育的发展也须依托"一带一路"的平台。一是鼓励在柬中资企业合作与孔子学院、RUPP-DHY 汉语中心、华文学校合作，派专员进驻学校，讲授专业知识，企业、学校互相助力，共同培养实践型中文人才。二是推动中资企业与国内职业院校合作，借助高等职业院校的平台培养专业型中文人才，开发"订单式"人才培养项目，定时输送中文专业人才。三是组织中文学习者进入中资企业实习，参与社会建设，将所学、所知应用到具体工作中。

第三，完善"中文+"培养模式，积极促成两国高校合作。一是建立"2+2"或"3+1"高校联合培养模式，将学习语言、职业知识相结合，培养"语言+职业"双重技能，为"一带一路"建设培养专业高端人才。二是建立开放式"中文+"教育资源库，利用技术手段汇集中文资源，通过筛选、整合、分类，建立基础中文、职业中文、中文专家、中文资料等多类子库，供专项学习与交流。

第四，研发"中文+"系列教材。"中文+"教材直接服务于柬埔寨中文教学，因此，中柬两国相关部门应通力合作，成立跨国专家团队，编撰针对性强、应用性强的中文教材。一是应明确专业型教材的编写目的、编写原则、编写理念等，做好前期分析及顶层设计。二是开展实地调研，以市场需求为导向，积极开发紧缺、对口教材，扩充"中文＋"教材库。三是合理安排教学内容。教学内容既须包括通用型中文内容，也须涵盖专用型职业内容，如基建、中医、物流等专业领域的中文知识。四是结合柬埔寨国情、社会发展、文化习俗等情况，构建全方位的本土化国际中文教材编写的理论体系，刺激教材本土化、落地化发展。

第五，培养"中文＋"师资团队。新一轮技术革命加速了国际中文教育的信息化发展，科技赋能，这要求两国必须加快培养新型教师团队。一是构建政府、华文学校、孔子学院"三位一体"的培训模式，短期指导与长期培训相结合，引导教师建构完善的中文体系，注重知识的内化与输出。二是建设职业中文师资团队。相较于普通中文，职业中文的专业性较强，这就要求教师必须兼具中文教学能力与职业知识。对此，中外语言交流合作中心应与高等职业院校建立长效合作，选拔职业教师并培养其中文教学能力，推动职业院校"走出去"，逐步成立跨领域中文教学团队，直接服务于柬埔寨职业中文教学。三是适当引进人工智能、区块链、数据等现代技术手段，与现有教育资源结合，引导中文教师掌握多元教育技术手段，培养"线上＋线下"双轨教学能力，推动中文教学的智能化、网络化、数字化及专业化。教育部中外语言交流合作中心正以"中文联盟"为基础，依托集群力量大力推进数字资源开发建设，积极打造数字平台矩阵，为"中文＋职业技能"的数字化融合发展夯实基础、强化支撑。

为了应对新形势，应当联合社会各界力量推动柬埔寨中文教育发展，加速构建"中文＋"教育体系。发展高质量、规范化、标准化的中文教育，中柬双方要密切合作，制定统一的教学大纲，设置科学合理的课程，编写针对性强的本土教材，培养高质量的本土师资队伍。如此，柬埔寨中文教育的基础将进一步夯实，整体水平将进一步提高，学习中文的人数也会大量增加，中文教育将迎来发展的"黄金期"。

结　语

　　柬埔寨经历了漫长的殖民与内战时期，社会、经济、教育、文化等方面都受到影响。进入 21 世纪，柬埔寨政府出台多项政策法规，积极推动社会经济发展和现代化建设。《柬埔寨 2019—2023 年国家战略发展规划》强调，开发高质量的人力资源是支持本国经济增长和提高竞争力的关键。教育发展对于柬埔寨实现到 2030 年从中低收入国家向中等偏上收入国家转型、到 2050 年向发达国家转型的目标至关重要。《2019—2023 年国家教育战略规划》对人力资源发展和教育质量做出进一步规划。柬埔寨政府致力于实现可持续发展目标，努力提高教育质量，为学生提供公平、包容的高质量教育，实现全民教育，促进终身学习。21 世纪是知识文明高度发展的时代，大力发展教育能为柬埔寨经济的持续稳定发展提供良好的动力，为国家的繁荣发展提供坚实的人才保障和智力支持。

　　近年来，柬埔寨政府在教育领域大幅增加财政预算，加大资金支持力度，为教育改革做出了巨大努力，柬埔寨教育已经取得了令人瞩目的发展成就。柬埔寨政府致力于提高教育普及度，确保更多的孩子能够接受基础教育。通过建设新学校、改善基础设施和制定政策，柬埔寨已经成功扩大了教育的覆盖面。在提高小学和初中的毕业率方面，政府制定相应政策、提高师资水平、提高教育质量、更新教育课程、加强学校管理，大幅降低学生辍学率，确保初高中的学业完成率。柬埔寨全纳教育也取得了一定的进步，柬埔寨政府努力为边缘群体学生、贫困家庭学生、残疾学生提供更多的教育机会。教育、青年和体育部加强职业教育，根据劳动力市场需求，为学生提供专业导向的教育服务。柬埔寨的高等教育经历了恢复重建和快速扩张阶段，私立教育机构开拓高等教育市场化办学的道路，高校数量和在校生数量快速增长。与国外大学合作办学的项目增加，柬埔寨学生有了更多接受高等教育的机会。

柬埔寨教育在过去二十年里成绩斐然，但仍然面临诸多挑战。第一，教育公平问题。柬埔寨教育水平的差异在城市与农村、私立与公立等方面体现得非常明显。落后地区尤其农村偏远地区教育经费不足、基础设施和教学设备薄弱、师资力量严重不足。农村学校和城市学校在教育资源方面的不平等导致农村学校学生与城市学校学生的学习表现存在显著差异。柬埔寨存在全纳教育政策落实不到位的情况。由于教学设施局限、语言障碍等原因，处于弱势群体的学生、残疾学生和土著学生的受教育机会受到很大影响。第二，师资问题。师资短缺与教师水平低下极大地制约了柬埔寨教育的发展。尽管柬埔寨政府制定了多项政策以提高教师准入门槛、提高教师标准和教师能力，但由于历史原因，柬埔寨现代教育起步晚、水平低，教师短缺问题严重。虽然政府提高了教师待遇，但是教师职业吸引力仍显不足，农村和偏远地区教师短缺问题更为严重。第三，教育治理问题。《柬埔寨2030年教育路线图》《2019—2023年国家教育战略规划》等多项政策强调教育领域的权力下放问题，但柬埔寨仍存在协调不力和监测不到位等问题。加强自主权、问责制一直是柬埔寨政府教育改革的重点。虽然柬埔寨现代化教育发展仍面临着很多棘手的问题和艰巨的挑战，但柬埔寨政府重视教育，努力为柬埔寨人民提供优质教育，为他们提供一个摆脱贫困和通往光明未来的阶梯。

柬埔寨是"21世纪海上丝绸之路"共建国家，也是"一带一路"倡议的响应者和践行者之一。柬埔寨政府将"一带一路"倡议与本国经济发展的"四角战略"相对接，为柬埔寨社会经济发展带去切实利益。中柬教育合作在"一带一路"框架下稳定向前推进。由中国援建的学校、校舍等基础设施有望提高柬埔寨偏远地区的教育条件，使更多学生拥有良好的学习环境。校企合作、校校合作、境外办学为柬埔寨分享了中国高职优质教育资源和教学经验。两国优势互补、资源共享、互惠双赢、共同发展，为两国高等职业教育和文化交流培养高质量专业人才。随着中柬两国友好关系深入发展和命运共同体建设持续推进，两国经贸、人文等领域交流日益频繁密切，"中文热"在柬迅速升温，学习中文成为柬民众的实际需求。《中华人民共和国教育部与柬埔寨教育、青年和体育部关于合作开展柬埔寨中学中文教育合作项目的谅解备忘录》签署，标志着中文被正式纳入柬埔寨国民教育体系。华文学校、中国文化中心和孔子学院积极促进中柬两国语言、文化和教育方面的交流。"一带一路"倡议为中柬教育交流提供了新的机遇，使得教育合作不断深入、规模不断扩大、内容不断丰富，是促进两国民心相通的最佳方式。

参考文献

一、中文文献

陈显泗. 柬埔寨两千年史 [M]. 郑州：中州古籍出版社，1990.

冯增俊，陈时见，项贤明. 当代比较教育学 [M]. 2 版. 北京：人民教育出版社，2015.

付岩松，胡伟庆. 柬埔寨研究 [M]. 北京：军事谊文出版社，2004.

顾明远. 顾明远教育演讲录 [M]. 北京：人民教育出版社，2014.

国家信息中心"一带一路"大数据中心."一带一路"大数据报告（2017）[M]. 北京：商务印书馆，2017.

国家语言文字工作委员会. 世界语言生活状况报告 [M]. 北京：商务印书馆，2021.

贺国庆，朱文富，等. 外国职业教育通史 [M]. 北京：人民教育出版社，2014.

黄雅婷. 塔吉克斯坦文化教育研究 [M]. 北京：外语教学与研究出版社，2021.

蒋勋. 吴哥之美 [M]. 长沙：湖南美术出版社，2014.

李晨阳，瞿健文，卢光盛，等. 柬埔寨 [M]. 北京：社会科学文献出版社，

2005.

李颖. "翻搅乳海"：吴哥寺中的神与王 [M]. 北京：中国社会科学出版社，2016.

刘辰，孟炳君. 阿联酋文化教育研究 [M]. 北京：外语教学与研究出版社，2021.

刘迪南，黄莹. 蒙古国文化教育研究 [M]. 北京：外语教学与研究出版社，2021.

刘捷，罗琴. 越南文化教育研究 [M]. 北京：外语教学与研究出版社，2023.

刘捷. 教育的追问与求索 [M]. 北京：人民出版社，2021.

刘捷. 专业化：挑战 21 世纪的教师 [M]. 北京：教育科学出版社，2002.

刘进，张志强，孔繁盛. "一带一路"高等教育研究（2019）：国际化展望 [M]. 北京：北京理工大学出版社，2020.

刘欣路，董琦. 约旦文化教育研究 [M]. 北京：外语教学与研究出版社，2021.

卢晓中. 比较教育学 [M]. 北京：人民教育出版社，2020.

陆岭，周绍泉. 中国古籍中有关柬埔寨资料汇编 [M]. 北京：中华书局，1986.

陆有铨. 教育的哲思与审视 [M]. 北京：人民教育出版社，2016.

秦惠民. 教育法治与大学治理 [M]. 北京：人民出版社，2021.

任钟印. 东西方教育的覃思 [M]. 北京：人民教育出版社，2017.

石筠弢，等. 泰国文化教育研究 [M]. 北京：外语教学与研究出版社，2023.

檀慧玲，等. 新加坡文化教育研究 [M]. 北京：外语教学与研究出版社，2022.

滕大春. 教育史研究与教育规律探索 [M]. 北京：人民教育出版社，2019.

田山俊，齐方萍. 印度文化教育研究 [M]. 北京：外语教学与研究出版社，2022.

万作芳，等. 韩国文化教育研究 [M]. 北京：外语教学与研究出版社，2023.

王承绪，顾明远. 比较教育 [M]. 5 版. 北京：人民教育出版社，2015.

王丹，等. 马来西亚文化教育研究 [M]. 北京：外语教学与研究出版社，2023.

王定华，杨丹. 人类命运的回响——中国共产党外语教育 100 年 [M]. 北京：外语教学与研究出版社，2021.

王定华. 教育路上行与思 [M]. 北京：人民出版社，2020.

王定华. 美国高等教育：观察与研究 [M]. 2 版. 北京：人民教育出版社，2021.

王定华. 美国基础教育：观察与研究 [M]. 2 版. 北京：人民教育出版社，2021.

王定华. 全球教育治理方略 [M]. 北京：教育科学出版社，2023.

王定华. 新时代高品质学校建设方略 [M]. 长春：东北师范大学出版社，2019.

王定华. 中国基础教育：观察与研究 [M]. 北京：人民教育出版社，2021.

王定华. 中国教师教育：观察与研究 [M]. 北京：人民教育出版社，2020.

王民同. 东南亚史纲 [M]. 昆明：云南大学出版社，1994.

王名扬，尤尼亚多. 印度尼西亚文化教育研究 [M]. 北京：外语教学与研究出版社，2023.

王士录. 当代柬埔寨 [M]. 成都：四川人民出版社，1994.

吴式颖，李明德. 外国教育史教程 [M]. 3 版. 北京：人民教育出版社，2015.

习近平. 论坚持推动构建人类命运共同体 [M]. 北京：中央文献出版社，2018.

习近平. 习近平谈"一带一路" [M]. 北京：中央文献出版社，2018.

谢维和. 我的教育觉悟 [M]. 北京：人民教育出版社，2016.

杨汉清. 比较教育学 [M]. 3 版. 北京：人民教育出版社，2015.

苑大勇. 国际高等教育协同创新与人才培养比较研究 [M]. 北京：知识产权出版社，2020.

郑通涛，方环海，陈荣岚. "一带一路" 视角下的教育发展研究 [M]. 广州：世界图书出版公司，2017.

钟楠. 柬埔寨文化概论 [M]. 广州：世界图书出版公司，2014.

二、外文文献

AYERS D M. Anatomy of a crisis: education, development, and the state in Cambodia, 1953—1998[M]. Honolulu: University of Hawai'i Press, 2000.

BENVENISTE L, MARSHALL J, ARAUJO M C. Teaching in Cambodia[M]. Washington, DC: World Bank, 2008.

CHANDLER D. A History of Cambodia[M]. 4th ed. Boulder: Westview Press. 2008.

HARRIS I. Cambodian Buddhism: history and practice[M]. Honolulu: University of Hawai'i Press, 2005.

MCNAMARA V, HAYDEN M. Education in Cambodia from Year Zero towards international standards[M]. Singapore: Springer Nature Singapore Pte Ltd, 2022.

WATTS K. Report of the Kampuchea needs assessment study[M]. Phnom Penh: UNDP, 1989.